Ap
Acelerado

Una guía para Principiantes para
Aprender más Rápido y mejor sin
Estrés, Preocupación y Ansiedad al
Desbloquear la Memoria Ilimitada
de su Cerebro

Por Accelerated Learning Academy,
Timothy Willink

Tabla de Contenidos

Introducción

Gracias por comprar, "Aprendizaje Acelerado: Una guía para Principiantes para Aprender más Rápido y mejor sin Estrés, Preocupación y Ansiedad al Desbloquear la Memoria Ilimitada de su Cerebro". Emprenderemos un viaje que nos llevará desde un paradigma educativo y de aprendizaje tradicional hasta un entorno moderno, centrado en el estudiante.

Bajo el paradigma educativo tradicional, el aprendizaje se apilaba verdaderamente contra el aprendiz. Ir a la escuela, recibir capacitación o simplemente intentar aprender algo ya es bastante difícil. El aprendizaje apenas se centró en el aprendiz. De hecho, el aprendizaje estaba más centrado en mostrar cuán inteligentes eran los maestros en lugar de promover un ambiente de aprendizaje saludable.

Cabe señalar que el paradigma educativo tradicional nació de la revolución industrial. Lo que esto significa es que lo que tradicionalmente abordó la educación fueron las necesidades de las industrias emergentes en las naciones desarrolladas.

Desde entonces, la educación se ha centrado significativamente. Hoy en día, las industrias no solo confían en la mano de obra competente que puede ejecutar números, escribir cartas y administrar inventarios. El mundo de los negocios modernos es tan complejo que hay miles de empleos que no existían en el siglo XVII.

Sin embargo, la educación ha tenido dificultades para ponerse al día. Todavía se queda atrás en términos de abordar lo que realmente necesita la economía moderna. De hecho, la mayoría de los educadores no comprenden completamente lo que realmente necesita la economía moderna. Por lo tanto, desarrollar individuos competentes que puedan proporcionar las habilidades que necesitan las empresas modernas tiende a ser difícil de encontrar.

Por lo tanto, el paradigma educativo tradicional se ha modificado para abordar muchos de estos problemas. Ahora, más que nunca, las empresas están conscientes de la necesidad de capacitar a su personal para cubrir las brechas que el sistema escolar tradicional aún no ha superado.

Además, los individuos entienden la necesidad de aprender continuamente. Este es un cambio fundamental ya que el paradigma anterior permitía a las personas "aprender para la vida". En las circunstancias actuales, "aprender para la vida" significa "aprender para el resto de su vida".

Aquí es donde el aprendizaje acelerado entra en juego.

En esencia, el aprendizaje acelerado se trata de obtener resultados. Se trata de poder utilizar herramientas y técnicas para enseñar y aprender en un entorno propicio para el desarrollo de habilidades y competencias que los individuos, las empresas y la sociedad en general pueden utilizar de manera productiva.

Es por eso que este libro está dedicado a descubrir los medios por los cuales el aprendizaje acelerado se puede implementar de manera efectiva. En resumen, el aprendizaje acelerado tiene que ver con un cambio fundamental en la mentalidad del estudiante, el maestro y el entorno.

Además, tenga en cuenta que el aprendizaje acelerado no es una fórmula mágica. A menudo, las empresas y los llamados expertos adoptan algún tipo de metodología mágica en la que se les pide a los seguidores que implementen unos pocos pasos y, de inmediato, obtengan resultados instantáneos.

El aprendizaje acelerado tiene que ver con comprender cómo funciona la educación, cómo la mente y la información del proceso individual y cómo puede utilizar los consejos y las técnicas ideadas para promover un aprendizaje efectivo.

Ahora, la razón por la que el "aprendizaje acelerado" es el "aprendizaje acelerado" se debe al hecho de que los entornos de aprendizaje tradicionales usualmente toman mucho tiempo para abordar las habilidades funcionales y las competencias de las personas.

Por ejemplo, obtener un título universitario lleva varios años. Sin embargo, cuando se condensa todo el contenido que se ve en el transcurso de un programa universitario, se puede aprender en una fracción del tiempo. En parte, esto se debe a una comercialización de la educación. Verá, mantener a la gente en la escuela por más tiempo es bueno para los negocios.

Por otro lado, el mundo de los negocios modernos no puede permitirse gastar demasiado tiempo para que los trabajadores estén al día.

En consecuencia, este libro trata sobre el desarrollo de técnicas que puede utilizar, como educador y como aprendiz, para acortar el tiempo necesario para captar conceptos e información. Lo que esto significa es que usted podrá hacerse cargo, tomar el control del proceso de aprendizaje de tal manera que no tendrá que tomar años para adquirir conocimiento funcional. De hecho, el conocimiento que una vez tardó años en alcanzarse puede lograrse en meses. Las habilidades que tardaron meses en desarrollarse ahora pueden demorar semanas en desarrollarse.

¿Hay un secreto para todo esto?

¡Realmente no!

Sólo hay ciencia y comprensión de la mente humana.

Por lo tanto, este libro está dirigido a individuos e instituciones que buscan desarrollar el talento humano.

Este desarrollo está destinado a proporcionar a los trabajadores y las empresas las habilidades que se necesitan para sobresalir en la economía moderna.

Dado el contexto del conocimiento científico y la tecnología, ahora nos enfrentamos a una oportunidad única en la historia humana; Ahora podemos aprovechar el poder de la mente humana como nunca antes. Nuestra comprensión de la mente humana nos permite descubrir los mejores mecanismos mediante los cuales podemos aprovechar al máximo el poder aparentemente ilimitado de nuestro cerebro.

Es por eso que este libro profundizará en el aprendizaje acelerado y cómo esta filosofía puede ayudar al individuo promedio a impulsar su capacidad mental. Esto no es un truco o fórmula mágica. Esta es una ciencia sólida que respalda una metodología probada. El aprendizaje acelerado consiste en desbloquear el poder natural del cerebro mediante el uso de técnicas y ejercicios que le brindarán las herramientas que necesita para mantener su cerebro lo más enfocado posible.

Por lo tanto, este libro está dirigido a cualquier persona que esté interesada en aprender más acerca de cómo desarrollar plenamente sus habilidades personales. No hay rasgos especiales requeridos. Este es el tipo de metodología que cualquiera puede aprovechar sin importar la edad, la educación o incluso la inteligencia percibida. El aprendizaje acelerado está diseñado para cualquier ser humano.

Por lo tanto, echemos un vistazo más de cerca a cómo puede aprovechar el poder y las capacidades naturales de su cerebro. Con las herramientas adecuadas y un poco de esfuerzo, podrá aprovechar al máximo esta oportunidad para mejorar sus habilidades cognitivas generales, la memoria y su rendimiento. En mucho menos tiempo que podría haber imaginado, verá una notable diferencia en su calidad de vida, así como en su desempeño en el trabajo y/o la escuela.

Gracias,

Timothy Willink

Cómo Sacar el Máximo Provecho de Este libro

Con esta guía práctica para mejorar sus habilidades de aprendizaje en general, puede comenzar a ver resultados reales en muy poco tiempo.

Este libro ha sido creado para trabajar de varias maneras.

1. La consistencia es clave. Existen varias estrategias relacionadas con la mejora de la velocidad de aprendizaje general. Al atenerse a ellas, puede garantizar resultados reales.
2. Manténgase enfocado. Al concentrarse en mejorar su memoria, seguramente comenzará a ver resultados muy pronto.
3. Revise cualquier parte que necesite. Al revisar partes de este libro, puede continuar desarrollando su comprensión sobre el tema.
4. Subraye o resalte cualquier parte importante. Siempre tómese el tiempo para aclarar qué partes de este libro son más importantes para usted.

Le recomiendo que se tome el tiempo de repasar la información presentada en este documento y practicar los conceptos descritos. Estoy seguro de que puede encontrar información que puede compartir con su familia, amigos y colegas. Ciertamente puede ayudar a cualquier persona que conozca a mejorar sus habilidades generales.

Nota: La información contenida en este libro ha sido investigada a fondo. Sin embargo, si siente la necesidad, consulte con un profesional calificado antes de intentar realizar cualquiera de los ejercicios descritos en este libro. Esto le dará la tranquilidad de saber que la información presentada en este libro se basa en una ciencia sólida.

Capítulo 1: Rompiendo Paradigmas Educativos Tradicionales

En este capítulo, vamos a echar un vistazo a los paradigmas educativos tradicionales y cómo no responden a lo que realmente necesitan los estudiantes de la actualidad. También vamos a echar un vistazo a cómo el aprendizaje acelerado encaja en la revolución educativa de las últimas dos décadas.

Tradicionalmente, la educación se ha centrado en la memorización y se desarrollan muy pocas habilidades fuera de la memorización. Sin embargo, el advenimiento de Internet y el auge de la tecnología como medio de producción ha obligado a los trabajadores a adquirir más conocimientos tecnológicos que los trabajadores de hace 40 o 50 años.

De hecho, muchos de los trabajadores de hoy en día están siendo desplazados por las computadoras y las máquinas a medida que la automatización se ha afianzado en varios campos. De hecho, no ha sido fácil para un trabajador normal de una fábrica hacer frente al mayor desarrollo de la tecnología. Esto ha obligado a muchos trabajadores a "ponerse al día o cambiar de trabajo".

Sin embargo, no se puede culpar a los trabajadores por no mantenerse al día. Gran parte de la culpa debe estar dirigida a los sistemas educativos de todo el mundo. La educación formal perjudica al estudiante promedio al no darles las herramientas que necesitan para prosperar en la economía actual.

De hecho, el sistema educativo tal como lo conocemos fue concebido durante la Revolución Industrial. Como ve, el paradigma educativo tradicional ha existido durante unos 300 años. Durante ese tiempo, la innovación ha sido lenta y difícil de conseguir. Además, la educación pública tiende a ser la más lenta en ponerse al día con las tendencias de la economía moderna. Entonces, para cuando las escuelas públicas descubren lo que los estudiantes pueden necesitar, ya están muy atrasados.

Entonces, ¿este libro tratará de cambiar el sistema escolar?

Apenas.

Muchas personas han intentado cambiar los sistemas escolares en todo el mundo y han fracasado. Los intentos más exitosos de reformas educativas han producido resultados mixtos. La educación privada ha avanzado mucho, aunque no ha podido compensar la brecha entre la educación formal y lo que el lugar de trabajo realmente exige a los trabajadores.

¿Dónde nos deja eso?

Esencialmente ha obligado a la gente a encontrar las mejores maneras en que pueden aprender por su cuenta. Hasta que los sistemas educativos formales puedan ponerse de acuerdo con el programa y ponerse al día con lo que la economía moderna exige a los futuros trabajadores, depende de cada individuo descubrir cómo pueden aprender las habilidades y capacidades que necesitan para prosperar en el mundo de hoy.

Ahora, la buena noticia es que esto es algo que cualquiera puede hacer. Ser un aprendiz de por vida es algo en lo que cualquiera puede convertirse. Si no ha adquirido el hábito de convertirse en un aprendiz independiente, este libro le ayudará a entrar en ese estado mental.

Además, los avances en la investigación educativa han descubierto progresivamente la forma en que funciona la mente humana, cómo aprenden los humanos y cómo se puede acelerar todo el proceso de aprendizaje de tal manera que la curva de aprendizaje tradicional se puede aplanar prácticamente.

Aquí es donde el aprendizaje acelerado entra en juego.

El aprendizaje acelerado ha sido un tema popular en los últimos años en la comunidad educativa. También se ha convertido en una filosofía generalizada ya que ha sido adoptada por empresas privadas para la capacitación de sus empleados.

De hecho, el aprendizaje acelerado es una filosofía relativamente nueva, aunque está arraigada en la ciencia sólida. Por lo tanto, el aprendizaje acelerado no es una psicología popular o algún nuevo truco que promete ser la próxima gran cosa.

De hecho, el aprendizaje acelerado consiste en ayudar al individuo promedio a desarrollar sus habilidades y capacidades de tal manera que puedan aprender todo lo que necesitan en una fracción del tiempo. Entonces, no se trata de aprender un atajo; se trata de aprender a ser más eficientes en la forma en que abordamos el aprendizaje.

En consecuencia, el nombre del juego es eficiencia. Al reducir su enfoque y utilizar las últimas y más efectivas técnicas de aprendizaje, prácticamente puede aprender cualquier cosa en una fracción del tiempo que normalmente le habría tomado. Por lo tanto, si cualquier habilidad o materia dada le hubiera llevado meses para comprender, con un aprendizaje acelerado, puede comprender en cuestión de semanas. Algo que hubiera tomado semanas ahora puede tomar días, y algo que hubiera tomado días ahora solo puede tomar algunas horas.

El aprendizaje acelerado es realmente poderoso. Pero, por favor, tenga en cuenta que no hay trucos para ello. No hay secretos ni fórmulas mágicas. No hay hechizos especiales que evoquen superpoderes. Es solo ciencia sólida que está respaldada por la investigación.

Eso es todo lo que hay.

Es como intentar golpear una pelota de béisbol con una raqueta de tenis. Es posible que realmente pueda golpear la pelota, pero no irá muy lejos. Con el aprendizaje acelerado, estará golpeando la pelota de béisbol con un bate. Pero más allá de eso, podrá descubrir cómo puede golpear la pelota de la mejor manera y cuál sería la forma más efectiva para hacerlo.

Si ya está familiarizado con la ciencia del aprendizaje, encontrará algunas reflexiones e información interesantes que seguramente lo harán pensar en la mejor manera de abordar su aprendizaje y/o actividades de enseñanza.

Si es completamente nuevo en este tema, entonces prepárese, porque estaremos mostrando cierto contenido que seguramente encontrará útil e informativo. Lo mejor de todo, es el tipo de información que puede poner en práctica de inmediato. No tendrá que esperar a que llegue la próxima luna llena para hacerlo. No tendrá que esperar hasta que desbloquee el nivel 400 para utilizar estos consejos y estrategias.

Al final de este libro, estará listo para poner en práctica muchos de estos consejos y estrategias.

¿Qué es el Aprendizaje Acelerado?

En este punto, puede que se esté preguntando: ¿qué es el aprendizaje acelerado?

En resumen, el aprendizaje acelerado es un enfoque basado en una filosofía multidimensional en la que el aprendizaje se lleva a cabo en un entorno en el que los estudiantes pueden absorber la mayor cantidad de información posible de forma natural y multisensorial.

Lo que esto significa es que el aprendizaje acelerado no solo se enfoca en la memorización; también se enfoca en la forma en que la mente humana realmente aprende y procesa la información. Por lo tanto, cuando puede comprender completamente la forma en que la mente aprende, su mente para esa materia entonces podrá aprovechar las diversas formas en que puede absorber cualquier tipo de información.

Además, si usted es un educador, capacitador o está involucrado en el desarrollo del talento corporativo, apreciará la forma en que el aprendizaje acelerado puede proporcionar los medios para ayudar a desarrollar las habilidades y talentos del capital humano en el lugar de trabajo.

Por lo tanto, el aprendizaje acelerado es una filosofía que permite a todos los involucrados sacar lo mejor de sus talentos para adquirir el conocimiento y las habilidades que les permitirán desempeñar un papel importante en el lugar de trabajo moderno.

En el caso de los niños y adolescentes, usar el aprendizaje acelerado es una excelente manera de ayudarlos a desarrollar sus propias habilidades de tal manera que también sean capaces de desarrollar las habilidades y competencias que necesitan para eventualmente salir al mundo y convertirse en miembros exitosos y productivos de la sociedad.

Como puede ver, el aprendizaje acelerado es un cambio en el paradigma tradicional de la educación. Ya no se trata del maestro omnisciente que estaba a cargo de iluminar a los estudiantes. Ahora se trata de proporcionar a las personas las oportunidades y herramientas que necesitarán para tomar el control de su propio aprendizaje. Este es un paso clave y crucial hacia el desarrollo de la autonomía del estudiante de tal manera que fomente el aprendizaje de por vida.

Naturalmente, desarrollar esta actitud de aprendizaje permanente es una habilidad adquirida. Sin embargo, no es tan difícil como parece. De hecho, cuando empiece a comprender cómo el aprendizaje acelerado puede ayudarlo a convertirse en un aprendiz efectivo, comenzará a enamorarse del aprendizaje. Se convertirá en un ávido aprendiz hasta un punto en el que tendrá sed de más y más conocimiento. Después de un tiempo, quedará impresionado con los tipos de cosas que ha aprendido y los tipos de habilidades que ha adquirido.

Lo mejor de todo es que tener esta actitud de aprendizaje como un medio para desarrollar su propio estilo individual, lo que sin duda lo ayudará a convertirse en el contribuyente más efectivo que puede ser para su familia y sus grupos sociales.

Los Siete Pilares del Aprendizaje Acelerado

El aprendizaje acelerado se basa en siete pilares. Estos pilares están destinados a apoyar toda la filosofía que apoya el concepto de aprendizaje acelerado.

Dado que el aprendizaje acelerado se trata de crear un entorno propicio para el aprendizaje, los siete pilares están diseñados para crear ese entorno además de crear la condición y la actitud adecuadas dentro del estudiante para que el proceso de aprendizaje sea mucho más efectivo y fácil de digerir.

Por lo tanto, es importante mantener la mente abierta al discutir estos pilares. Si se siente obligado a compararlos con los conceptos educativos tradicionales, encontrará que no será tan fácil comprender el mensaje central del aprendizaje acelerado. Por lo tanto, mantener una mente abierta es ideal para que pueda sacar el máximo provecho de la filosofía de aprendizaje acelerado.

El aprendizaje debe involucrar a todo el ser

El primer pilar requiere involucrar a toda la mente y al cuerpo en el proceso de aprendizaje. A menudo, el aprendizaje tiende a ser segregado en tareas físicas o mentales.

Por ejemplo, si un individuo está aprendiendo a practicar un deporte, esto tiende a ser una tarea puramente física que esencialmente elimina un componente mental. De la misma manera, si una persona está aprendiendo matemáticas, no habría ninguna razón para involucrar lo físico en el proceso de aprendizaje, ya que las matemáticas son un proceso puramente intelectual.

Sin embargo, los procesos de aprendizaje acelerado involucran la mayor parte del ser posible en el proceso de aprendizaje.

Por lo tanto, esto puede incluir componentes mentales o incluso emocionales para entrenar en deportes mientras se agregan componentes físicos a un proceso puramente intelectual como las matemáticas o el lenguaje.

¿Cómo es esto posible?

Considere esta situación:

Un entrenador de baloncesto está entrenando a un equipo de la escuela secundaria local. Además, a los ejercicios habituales, el entrenador ha decidido incluir un ejercicio mental. El entrenador les ha pedido a los jugadores que se sienten en el piso por unos minutos antes de la práctica y que se visualicen haciendo las tareas que llevarán a cabo durante la práctica.

Por ejemplo, se les pide a los jugadores que se visualicen realmente haciendo tiros de tres puntos o defendiendo la pelota. De esta manera, los jugadores tendrán una visión de lo que se espera que hagan antes de que salgan y lo hagan.

Al usar la visualización, un jugador de baloncesto puede involucrar más sentidos en un juego de baloncesto. Esto permitirá que los jugadores amplíen su visión. Por lo tanto, es un medio para preparar sus habilidades antes de un juego o práctica.

Del mismo modo, a los estudiantes de matemáticas se les puede pedir que se involucren físicamente. Por ejemplo, los estudiantes en una clase de geometría pueden estar aprendiendo cómo medir objetos circulares. Entonces, en lugar de realizar ejercicios de medición de un libro de texto, pueden salir al mundo real y medir objetos circulares. En todo caso, ayuda a los estudiantes a levantarse y moverse.

Estos dos ejemplos subrayan la importancia y la utilidad que puede tener todo el complejo mente-cuerpo en el proceso de aprendizaje. En consecuencia, es vital considerar la participación de tantos sentidos como sea posible durante el proceso de aprendizaje.

Producir, no Consumir

El aprendizaje tradicional generalmente les pide a los estudiantes que desempeñen un papel pasivo. Se les pide que se sienten y simplemente asimilen el conocimiento que les está transmitiendo su profesor o instructor. Luego se le pide al estudiante que repita lo que ha aprendido. La mayoría de las veces, se les pide a los estudiantes que incorporen este conocimiento a través de la memorización, es decir, escuchar y repetir, copiar textos o simplemente tomar notas.

Cuando implementa un enfoque de aprendizaje acelerado, esencialmente le está pidiendo a sus estudiantes que sean creativos y produzcan.

Sí, eso es correcto.

La mayoría de las veces, los estudiantes pueden comenzar a producir muy temprano. No tiene que esperar hasta las últimas etapas de un programa de aprendizaje para pedir a los estudiantes que produzcan. Pueden comenzar a producir relativamente temprano. Después de todo, el aprendizaje es un proceso creativo. Entonces, cuando sea capaz de estimular la creación, no será difícil para los individuos hacer que fluyan sus jugos creativos.

Esto es especialmente cierto si está haciendo entrenamiento en el lugar de trabajo. Si les pide a sus estudiantes que comiencen a utilizar su creatividad de inmediato, tenga la seguridad de que lo harán. Es increíble lo que una persona puede hacer cuando se le da la oportunidad de dejar que su imaginación despegue.

De la misma manera, restringir la creatividad llevará a los estudiantes por un camino donde pueden frustrarse ante la falta de oportunidades para la producción. Pueden sentirse obligados a producir, pero si no se les da ese espacio, pueden volver a establecerse en un papel pasivo. No hace falta decir que esta no es la situación ideal en la que desea que usted o sus estudiantes se encuentren.

La Colaboración es Esencial

Vivimos en una sociedad que tiende a ser muy individualista. Incluso cuando existe una cultura sólida sobre el trabajo en equipo (como en el caso de los deportes de equipo), el desempeño individual a menudo es elogiado por encima de los resultados colectivos. Por lo tanto, los individuos que se destacan en medio de un esfuerzo grupal son considerados como excepcionales.

De hecho, se debe alentar el desempeño individual. Pero el desempeño colectivo debe ser igualmente alentado y elogiado. Después de todo, es prácticamente imposible aprender algo en la vida sin tener algún tipo de esfuerzo colectivo.

Piense en un niño.

Un niño aprende virtualmente todas sus habilidades iniciales a través de la interacción que tiene con su familia. Sería imposible considerar cómo se desarrollaría un niño si tuviera una interacción nula con otros seres humanos. Seguramente, el niño no podría desarrollar muchas de las habilidades y competencias que consideramos normales.

Por ejemplo, desarrollar un lenguaje sería casi imposible de aprender sin tener algún tipo de interacción con otras personas. Por lo tanto, aprender lenguaje es un esfuerzo colectivo y colaborativo.

Por supuesto, hay asuntos y temas en los que una persona solo puede leer libros y estudiarlos en línea. De hecho, casi todo se puede aprender de esa manera hoy en día. Pero el hecho del asunto es que no se puede esperar que pase por la vida en aislamiento.

Para fomentar la filosofía subyacente del aprendizaje acelerado, debe considerar la necesidad de colaboración. La colaboración es una parte integral del proceso de aprendizaje acelerado. Al interactuar con otros, puede desarrollar aún más sus habilidades y capacidades.

Este proceso colaborativo permite compartir ideas y experiencias. Aquí es donde el aprendizaje significativo realmente despega. Cuando se da cuenta de que otros pueden tener mejores ideas, puede reducir considerablemente el tiempo que le llevaría aprender estas ideas mejoradas. De la misma manera, puede compartir sus ideas y experiencias para beneficiar el aprendizaje de los demás.

De hecho, la colaboración es un principio fundamental de la filosofía del aprendizaje acelerado. Entonces, definitivamente, acéptela como lo que es: una de las claves para impulsar su experiencia de aprendizaje.

Un Enfoque Multisensorial

Cuando piensa en un enfoque multisensorial, puede obtener ideas sobre la realidad virtual y otras maravillas tecnológicas. Sin embargo, un enfoque multisensorial no tiene que ser de muy alta tecnología para ser efectivo. A menudo, los enfoques más simples pueden ofrecerle una excelente manera de mejorar su experiencia de aprendizaje.

Cuando considera un enfoque multisensorial, debe considerar la participación de tantos de los cinco sentidos como sea posible. Esto puede incluir cualquier combinación de sentidos en cualquier orden dado.

Considere este ejemplo:

Cuando cocina, se involucran los cinco sentidos.

Debe probar la comida.

Debe oler la comida.

Debe ver la comida.

Debe tocar la comida.

E incluso debe escuchar la comida.

Ahora, imagine que ha decidido enseñar cocina sin involucrar el gusto o el olfato. Sería esencialmente imposible hacerlo. O bien, suponga que desea que un chef prepare una comida con los ojos vendados. Al involucrar a los cinco sentidos, un chef puede preparar una comida maravillosa que se ve bien, sabe bien, huele bien, se siente bien e incluso suena bien. Después de todo, algunos alimentos se identifican fácilmente por el sonido que producen al comerlos.

Esta es la razón por la cual el aprendizaje acelerado intenta involucrar tantos sentidos como sea posible, en cualquier combinación posible. Por lo tanto, incluso si un tema está predominantemente sesgado hacia un sentido, aún puede hacer todo lo posible para involucrar al menos otro sentido. Eso mejorará la experiencia de aprendizaje en la medida en que sea significativo para el estudiante.

Tenga en cuenta que cada uno de los sentidos adicionales que puede incorporar al proceso de aprendizaje aumentarán exponencialmente la calidad del aprendizaje. En contraste, si restringe la cantidad de sentidos que están involucrados en el proceso de aprendizaje, estará limitando seriamente las oportunidades de tener un aprendizaje real.

Si está aprendiendo algo por su cuenta, siempre trate de encontrar formas de involucrar sus otros sentidos. A algunas personas les gusta recitar poemas mientras caminas. A otros les gusta decir pasos de baile mientras se mueven. A otros les gusta escuchar y ver las direcciones a un lugar al que van.

Al final del día, lo que sea que elija terminará mejorando la experiencia de aprendizaje siempre que realmente considere qué opciones y recursos tiene disponibles.

Retroalimentación Positiva

El aprendizaje acelerado considera que la retroalimentación es uno de los elementos más importantes en el proceso de aprendizaje. No puede esperar que realmente entienda que lo que está aprendiendo es correcto sin algún tipo de retroalimentación positiva.

Ahora, la retroalimentación positiva no necesariamente tiene que venir de una persona. Podría venir en la forma de lograr un resultado deseado. Por ejemplo, está aprendiendo cómo arreglar un auto. Naturalmente, la retroalimentación positiva provendría del auto en realidad funcionando correctamente.

Además, la retroalimentación puede proporcionarle el impulso que necesita su confianza. Supongamos que alguien que conoce ensaya una de sus recetas. Al indicar que está delicioso, recibe la motivación y la validación adecuadas que busca.

Sin embargo, la misma persona puede decirle que es demasiado picante o que necesita un poco más de sal. En ese caso, puede modificar su receta para que se adapte mejor al paladar de los demás.

También es importante tener en cuenta que la retroalimentación debe ser lo más constructiva posible. Al emitir comentarios negativos, puede socavar la confianza de una persona. Si este es el caso, entonces estará limitando seriamente su oportunidad de lograr un aprendizaje significativo.

Además, la retroalimentación destructiva puede llevar al desarrollo de una cultura negativa. No hace falta decir que esto no sería propicio para el aprendizaje y podría causar problemas. Al mantener las cosas lo más positivamente como sea posible, puede asegurarse de que usted y quienes lo rodean aprovechen cada oportunidad para mejorar sus habilidades.

El Poder de las Emociones Positivas
Este pilar se conecta directamente con el anterior.

Cuando fomenta una cultura de retroalimentación positiva, también está reforzando la confianza. La confianza es una de las emociones más positivas que puede desarrollar en una persona. A medida que una persona se vuelve más y más segura, se volverá más creativa, asertiva y proactiva. Podrá producir a un ritmo mayor.

En términos del proceso de aprendizaje real, podrá aprender las cosas mucho más rápido ya que tiene confianza en sus habilidades. Al validar sus habilidades y su aprendizaje, un individuo puede romper cualquier barrera psicológica que limite su comprensión del tema en cuestión.

Además, las emociones positivas son contagiosas. Si está trabajando con un grupo, tener emociones positivas en todo el grupo terminará traspasándose hacia los miembros individuales. Por supuesto, hay personas que no son tan positivas e inclinadas a tener una actitud positiva.

En ese caso, es posible que desee desafiar a la persona sobre por qué está intentando aprender en primer lugar. Quizás estén ansiosos por aprender, pero el tema no es del todo apropiado para ellos. En algunos casos, las personas simplemente toman la decisión equivocada e intentan aprender algo que no es realmente en su interés personal.

Otras veces, como en el lugar de trabajo, puede ser necesario eliminar a alguien que está arrastrando a todo el grupo cuesta abajo. O bien, las personas con cargas negativas pueden necesitar un nuevo comienzo. Quizás cambiarlas a otro departamento puede ser justo lo que necesitan.

Al permitir que las emociones positivas se apoderen de un grupo, puede asegurarse de que el proceso de aprendizaje acelerado realmente funciona. Mantener las cosas positivas es el medio ideal para que pueda crear un entorno propicio para el aprendizaje en todos los niveles y que involucre tantos sentidos como sea posible. En última instancia, todos los miembros que trabajan al unísono crean un ambiente de aprendizaje positivo. Sin embargo, el líder desempeña un papel clave de tal manera que puede ser el peso que inclina la balanza hacia un lado u otro.

Usando Imágenes y Visualización

El último pilar del proceso de aprendizaje acelerado tiene que ver con las imágenes y la visualización.

¿Recuerda nuestro ejemplo anterior sobre el equipo de baloncesto visualizándose en el juego? Este es un excelente ejemplo del uso de imágenes y visualización.

En general, los humanos necesitan ver las cosas para poder comprenderlas completamente. Esto es por personas con discapacidad visual que tienden a tener más dificultades para aprender ciertas habilidades. Si bien son tan talentosos e inteligentes como cualquiera, su discapacidad visual hace que las cosas sean más difíciles.

Teniendo esto en cuenta, usar imágenes siempre que sea posible es una excelente manera de aprovechar al máximo su capacidad cerebral.

¿Ha visto cómo algunas de las personas más poderosas y exitosas se rodean de imágenes agradables?

Otros se rodean de imágenes de lo que desean lograr.

Otros todavía se rodean de imágenes de sí mismos. Si bien eso puede ser narcisista hasta cierto punto, les permite visualizarse a sí mismos teniendo éxito en lo que hacen. Esto crea emociones positivas al permitirles sentirse constantemente motivados y exitosos.

Por lo tanto, usar las imágenes tanto como sea posible ayudará a reforzar la retroalimentación positiva y reforzar las emociones positivas. Al final del día, su selección de imágenes debe reflejar el mensaje que desea transmitir. No sea tímido en redecorar para adaptarse a su estado mental y emocional. Si realmente se ve siendo exitoso, entonces no hay razón por la que no debas rodearte de objetos e imágenes que reflejen tu éxito.

Pensamientos Finales

Este capítulo ha sido una introducción bastante completa de lo que es el aprendizaje acelerado y los pilares de su filosofía subyacente. Además, discutimos cómo ha sido el aprendizaje acelerado revolucionario en comparación con el enfoque educativo tradicional. A la luz de las demandas que la economía moderna y el lugar de trabajo tienen para las personas ahora, es de suma importancia aprender a cómo aprender.

Es por eso que analizaremos más a fondo el proceso de aprendizaje. Después de todo, todos los humanos aprenden mucho de la misma manera. La diferencia radica en la forma en que se aborda el aprendizaje. Al mejorar su propia experiencia de aprendizaje, o la de los demás, podrá internalizar verdaderamente la información que necesita saber, cuando necesita saberla.

Entonces, puede comenzar por mejorar su percepción sensorial general. Use la visualización tanto como sea posible para que se "vea" a sí mismo aprendiendo y teniendo éxito. Dado el hecho de que la mente es capaz de crear lo que quiere, entonces visualizar le ayudará a crear la realidad que realmente desea.

Capítulo 2: El Proceso de Aprendizaje Natural

En este capítulo, analizaremos cómo funciona el aprendizaje, cómo funcionan las mentes humanas y las diversas formas en que se lleva a cabo este proceso. Además, vamos a discutir cómo el aprendizaje acelerado puede aumentar todo este proceso.

A medida que nos sumergimos en el proceso de aprendizaje y en cómo se relaciona con el individuo promedio, vale la pena hacer referencia al paradigma educativo tradicional como se analizó en el capítulo anterior.

Al considerar el paradigma educativo tradicional, existen siete problemas que afectan tradicionalmente la forma en que se lleva a cabo el proceso de aprendizaje. Estos problemas son parte de lo que se ha considerado como una buena pedagogía a lo largo de los años, pero recientemente se han refutado.

El primer problema para considerar es el "**puritanismo**". Este concepto se refiere al hecho de que el proceso de aprendizaje debe ser "tradicional". Es decir, enfocado y centrado en el maestro, en el que el maestro o educador es el sabio omnisciente, quien imparte sabiduría y conocimiento a los aprendices.

Este fue uno de los primeros aspectos de los modelos de educación tradicionales que se han de desacreditar. De hecho, el concepto del sabio omnisciente se eliminó por completo con la aparición de Internet y el acceso gratuito a información sobre prácticamente cualquier tema conocido por la humanidad.

Sin embargo, hay algunas culturas que aún le dan un gran valor al papel del maestro en la comunidad. Y eso está perfectamente bien. No hay duda de que los educadores desempeñan un papel fundamental en el desarrollo de una comunidad y una sociedad. Sin embargo, lo que hace el puritanismo es perpetuar un modelo en el que el aprendiz recibe un papel secundario en lugar de tomar la iniciativa en sus propios esfuerzos de aprendizaje.

El antídoto para este problema es proporcionar a los estudiantes independencia y autonomía. Al hacerlo, los estudiantes tienen la oportunidad de acceder al conocimiento a través de sus propios medios y en sus propios términos. Esto conducirá a una mayor motivación y experiencias de aprendizaje significativas.

El segundo tema que afecta el proceso de aprendizaje se conoce como "**individualismo**". En el capítulo anterior, dedicamos mucho tiempo a analizar la importancia de la colaboración y el trabajo en equipo. Sin embargo, el individualismo arrastra todo el proceso, ya que tiende a fomentar una cultura de competitividad. Claro, no hay nada de malo en animar a los estudiantes a hacer lo mejor que puedan. Sin embargo, existe un límite en la medida en que deberían preocuparse por su propio progreso.

Al adoptar un enfoque más colaborativo, se puede alentar a los estudiantes a que busquen ayuda cuando la necesiten. Además, también promueve sentimientos y emociones positivas. Estos tipos de sentimientos son ciertamente parte del núcleo que conduce al aprendizaje efectivo. Por lo tanto, alejarse de un enfoque individualista es definitivamente un paso positivo para seguir.

El siguiente problema que dificulta el proceso de aprendizaje es el "**modelo de fábrica**". Uno de los errores más grandes que ha cometido el paradigma educativo tradicional es asumir que todos los estudiantes son exactamente iguales. Naturalmente, la investigación moderna ha demostrado, más allá de toda duda razonable, que no todos son iguales. De hecho, cada persona es una representación única del mundo.

Lo que esto implica es que las soluciones de talla única no abordan las necesidades de las personas. De hecho, tienden a aislar a un grupo de estudiantes en favor de otro. Por ejemplo, si un maestro o educador implementa un enfoque predominantemente visual, esto ciertamente favorecerá a los aprendices visuales. Pero también puede hacer caso omiso de los aprendices no visuales.

Esto es algo que debe tenerse en cuenta al diseñar programas de aprendizaje. Es importante abordar todos los diversos estilos de aprendizaje que las personas pueden exhibir dentro de un entorno de aprendizaje.

¿Cuál es el mejor antídoto para un enfoque tipo molde de galletas?

Comprender los estilos de aprendizaje individuales representados en cada estudiante.

Existe una gran cantidad de pruebas que se pueden usar para determinar el estilo de aprendizaje predominante de cada individuo. Esto ayudará al desarrollo del estudiante de tal manera que sentirá que se tienen en cuenta sus necesidades.

Además, la comprensión de los estilos de aprendizaje también permite la implementación de varios tipos de estrategias relacionadas con diversos sentidos. En consecuencia, esto fomentará un aprendizaje significativo ya que contar con un mayor número de sentidos definitivamente hará que el proceso de aprendizaje sea mucho más agradable y significativo.

El siguiente problema que afecta el proceso de aprendizaje se conoce como el **"modelo de pensamiento científico occidental"**. Este problema suena mucho más complicado de lo que realmente es. De hecho, este modelo se basa en la forma en que las culturas occidentales han abordado la investigación científica.

La investigación científica generalmente se realiza a través de un proceso de observación que lleva a determinar la causalidad entre los fenómenos que se ven en el mundo que nos rodea. Para determinar esta causalidad, los científicos tienden a desarrollar la "visión de túnel", es decir, se centran solo en los factores que creen que son las causas de las interrelaciones entre los objetos de su investigación.

Cuando esto se aplica a la educación, hay una compartimentación del conocimiento. Esto se puede ver en la forma en que el conocimiento se difunde a los estudiantes. El conocimiento se segrega en "sujetos", lo que significa que el conocimiento no es una unidad holística, sino que se divide en partes aisladas de información que generalmente no están vinculadas entre sí.

Esto lleva a los estudiantes a cuestionar la validez del contenido que se enseña, ya que es posible que no puedan ver las aplicaciones reales de estos contenidos. Por lo tanto, puede haber cierta resistencia de los estudiantes. Esta resistencia generalmente viene en forma de cuestionar la relevancia del contenido que se está aprendiendo. No hace falta decir que, cuando los estudiantes cuestionan la relevancia del contenido, hay muy poco espacio para que tenga lugar el aprendizaje real.

El antídoto para este problema radica en un enfoque holístico. Cuando aborda el aprendizaje desde una perspectiva holística, es decir, integral, los estudiantes podrán ver cómo todo lo que están atravesando se aplicará en un contexto del mundo real. Si bien es posible que los estudiantes no estén listos para comenzar a producir resultados significativos desde el principio, solo con tener una comprensión clara de la relevancia del contenido que están aprendiendo será suficiente para ayudarlos a ver la importancia de lo que están pasando.

Como corolario de la edición anterior, la separación de la mente y el cuerpo es uno de los factores más perjudiciales en todo el proceso de aprendizaje. Discutimos este factor en detalle en el capítulo anterior.

Por lo tanto, vale la pena mencionar que el paradigma educativo tradicional se centra en segregar el conocimiento tanto como sea posible. Si bien este enfoque responde a la teoría educativa temprana en la que el aprendizaje se consideraba un proceso acumulativo, lo que significa que el aprendizaje era un tipo de estructura en la que los "bloques" se apilaban uno encima del otro para construir conocimiento.

Esta es la razón por la que generalmente escuchará las unidades de aprendizaje denominadas "bloques de instrucción". Estos bloques están diseñados para construirse unos sobre otros de tal manera que los estudiantes puedan construir modelos de conocimiento en sus mentes.

El enfoque constructivista es ciertamente una teoría de aprendizaje válida. Sin embargo, tiene un inconveniente: lleva mucho tiempo desarrollar el conocimiento de los estudiantes, ya que supone que los estudiantes deben pasar por fragmentos de información muy pequeños y manejables antes de poder producir resultados significativos.

A la inversa, el aprendizaje acelerado se centra en lo que los estudiantes realmente necesitan saber para producir los resultados deseados en el menor tiempo posible. Si bien esto no significa que hay cosas que los estudiantes no deberían aprender, significa que hay cosas que deberían recibir mayor prioridad según el contexto del estudiante individual.

Por ejemplo, si un estudiante está recibiendo capacitación sobre cómo construir un motor, entonces el enfoque estará en construir motores. Cualquier otra parte de un automóvil que no esté directamente relacionada con la construcción de un motor será secundaria. Entonces, en lugar de repasar la construcción completa del automóvil, los estudiantes estarán expuestos principalmente al contenido relacionado con la construcción de motores.

Claro, eventualmente será bueno aprender sobre la tapicería. Pero mientras tanto, es importante aprender sobre los motores y cómo el motor mueve el automóvil. En consecuencia, se adopta un enfoque holístico para aprender sobre los motores a fin de brindarles a los estudiantes las herramientas que necesitan para llevar a cabo una tarea específica.

Otro de los factores que tienden a limitar la efectividad del proceso de aprendizaje es el "predominio del cerebro izquierdo". Lo que implica este factor es que el proceso de aprendizaje generalmente se ve como un proceso lógico y racional en el que el control, la inteligencia y la secuencia son vitales vital para el aprendizaje.

Dado que el aprendizaje acelerado visualiza el aprendizaje desde una perspectiva holística, un enfoque del cerebro izquierdo debe complementarse con un enfoque del cerebro derecho. Lo que esto significa es que el pensamiento lógico y racional debe complementarse con un procesamiento holístico y simultáneo. Esto permitirá a los estudiantes ver las cosas desde varias perspectivas y en varios niveles en lugar de tener una visión de túnel.

En otras palabras, esta es una combinación de razonamiento lógico con esfuerzos artísticos y creativos. Este enfoque es perfectamente aplicable en todos los campos de aprendizaje.

Por ejemplo, un grupo de expertos en marketing puede combinar el aspecto creativo y artístico de diseñar una campaña de marketing divertida y atractiva con la exactitud de las métricas numéricas que pueden rastrear el progreso y los resultados. Esto puede parecer una práctica normal para los estándares de hoy. Sin embargo, no siempre fue así.

Como puede ver, es ciertamente posible combinar los diversos aspectos del razonamiento lógico y la creatividad en todo tipo de campos y áreas.

El último aspecto para considerar como un posible obstáculo en el proceso de aprendizaje se denomina **"imprenta"**. A esto se refiere el hecho de que la educación tradicional tiende a ver el aprendizaje como un esfuerzo predominantemente basado en el texto.

Para aquellos de ustedes que tienen edad suficiente para recordar los libros de texto de la vieja escuela, estaban llenos de textos interminables y muy pocas imágenes. Algunos de los más modernos incorporaron algunas imágenes y diagramas para ilustrar ciertos puntos.

Sin embargo, el auge de Internet y la tecnología multimedia han creado un mayor equilibrio entre el aprendizaje basado en textos y el uso de guías visuales.

Tenga en cuenta que contar con un mayor número de sentidos es clave para promover una experiencia de aprendizaje importante. Al incorporar la mayor cantidad de sentidos involucrados en la experiencia de aprendizaje, los estudiantes tendrán la variedad que ansían, especialmente dado el entorno acelerado en el que estamos en la actualidad.

Los siete temas descritos aquí son típicos del paradigma educativo tradicional. Estos son problemas que el aprendizaje acelerado aborda al crear un entorno propicio para el aprendizaje basado en la forma en que los humanos aprenden.

Ahora, eso no quiere decir que las técnicas utilizadas dentro del paradigma educativo tradicional deban lanzarse al océano. Lo que sí significa es que deben situarse dentro de un contexto congruente. Entonces, definitivamente hay un lugar para la memorización. Es una técnica viable y significativa ... cuando la situación lo requiere.

Además, un enfoque centrado en el profesor es ciertamente válido cuando el tema lo requiere. Por ejemplo, los estudiantes se beneficiarían al escuchar una conferencia, especialmente cuando el orador es un experto reconocido en su campo que comparte información valiosa. El problema radica en utilizar las conferencias como el único medio de comunicar el conocimiento. En algún momento, los estudiantes necesitarán interactuar con el tema para evaluar su comprensión y aprendizaje.

En última instancia, la decisión sobre qué incorporar y qué no incluir depende en gran medida de la gran cantidad de factores que intervienen en el diseño de los contenidos que se cubrirán en el proceso de aprendizaje. Esta es una decisión que tendrá que tomar como educador, al mismo tiempo que le permite a usted, como aprendiz, comprender qué estilos funcionan mejor para usted.

El Cerebro como una Red

Después de analizar cómo el proceso de aprendizaje puede verse obstaculizado en gran medida mediante el uso de técnicas y estrategias que pueden no estar cumpliendo con el propósito correcto, vale la pena observar en profundidad cómo funciona realmente el cerebro dentro del proceso de aprendizaje.

La forma más fácil de ver cómo funciona el cerebro es considerarlo como una red.

En esta red, hay millones y millones de células cerebrales que transmiten información de una sección a otra. Los grandes depósitos de información ubicados en diversos puntos del cerebro permiten que dicha información se desplace hacia adelante y hacia atrás. Esta es la esencia de la forma en que funciona la memoria.

Cuando algo se "aprende", el cerebro registra la información que se ha almacenado. Luego, las neuronas trazan un camino por el cual pueden acceder a esta información. Entonces, en cierto modo, es como construir una serie de carreteras en las que puede acceder a esta información almacenada fácil y rápidamente.

Piénselo en estos términos:

Se ha mudado a una nueva casa. Por lo tanto, su ruta habitual para ir al trabajo ha sido alterada. Usted sabe que tiene una nueva ruta que debe tomar todos los días en su camino al trabajo.

Entonces, busca un mapa y traza una ruta que cree que será la más eficiente. Después de unos días, no necesitará usar el mapa. Habrás memorizado la ruta. Por lo tanto, sabe exactamente dónde ir, dónde girar y así sucesivamente. Incluso puede memorizar la ubicación de los medidores de velocidad, baches, semáforos y cualquier otro elemento de importancia.

El cerebro funciona de la misma manera.

Cuando se forma la red neuronal, la información se vuelve más fácilmente accesible. Esto implica que tiene un medio mayor para acceder a esta información. Entonces, recordará las cosas "más rápido" porque las ha aprendido muy bien.

Esta es la razón principal por la que la memorización está tan favorecida en el paradigma educativo tradicional. La percepción de la memorización como aprendizaje da la impresión de que un individuo conoce muy bien sus cosas.

Sin embargo, memorizar cosas es solo una parte de la historia. Claro, es ciertamente útil recordar información en un abrir y cerrar de ojos. Sin embargo, también es importante saber qué hacer con esa información. De lo contrario, ¿qué utilidad tendría para aprender información inútil?

Un elemento muy importante para tener en cuenta es que a medida que el cerebro se vuelve más adepto al aprendizaje, el número de caminos creados por la red neuronal se vuelve cada vez más sólido. En cierto modo, es como construir más carreteras en una ciudad. Cuantas más carreteras haya, más opciones tendrán los conductores para moverse. Finalmente, los conductores descubren las rutas más cortas a diferentes lugares. Esto ahorra tiempo y esfuerzo. Por lo tanto, el cerebro funciona de la misma manera. Al construir su red neuronal, aprenderá nuevas cosas mucho más rápido y con menos esfuerzo.

El Cerebro Interconectado

El cerebro se compone principalmente de dos mitades, o hemisferios. Cada uno de estos hemisferios tiene su propia función específica.

El hemisferio izquierdo generalmente se encarga del razonamiento lógico que se necesita para realizar operaciones como los cálculos. Por ejemplo, el cerebro izquierdo entra en juego cuando está conduciendo un automóvil y necesita evaluar dónde hay suficiente espacio para que el automóvil pase por un lugar determinado. El cerebro hace los cálculos y determina si hay suficiente espacio, o no.

Estas tareas lógicas son aplicables a matemáticas, diseño, construcción, etc. Son muy comunes y tienen aplicaciones cotidianas.

Sin embargo, hay personas que tienden a ser predominantemente con el cerebro izquierdo. Lo que esto significa es que su enfoque de la vida se basa en la lógica y el razonamiento. Por lo tanto, si no pueden encontrar una explicación lógica a algo que observan, les resultará difícil aceptar la información que se les presenta.

Considere esta situación.

Un individuo muy orientado a la lógica se presenta con un truco de magia. Por supuesto, muchos trucos de magia son ilusiones ópticas o involucran algún tipo de truco para distraer la atención del observador. En consecuencia, un individuo orientado a la lógica se sentirá obligado a comprender el proceso exacto detrás del truco de magia. Si no puede comprender el truco, puede descartarlo por completo. Como resultado, es posible que no disfrute el truco por lo que es: un truco.

Esta es la razón por la que es un desafío para las personas orientadas a la lógica seguir el flujo de las cosas. Su insaciable necesidad de entender el funcionamiento interno del mundo los lleva a cuestionarse todo para descubrir el mecanismo subyacente que gobierna el mundo.

Por otro lado, el hemisferio derecho del cerebro es todo lo contrario. Este es el lado más creativo y holístico del cerebro. Este lado del cerebro está a cargo de tareas como el lenguaje. El lenguaje es un fenómeno mucho menos exacto. De hecho, el lenguaje tiene tantos matices diferentes que, muchas veces, es muy difícil capturarlos a todos. Además, la cultura y la tradición están arraigadas en este lado del cerebro.

Entonces, los individuos de cerebro derecho tienden a ver el panorama más amplio de la vida. Están más preocupados por el contexto de una situación que por las minucias que acompañan a muchas de las situaciones cotidianas con las que tratamos.

Los individuos predominantemente de cerebro derecho verán un truco de magia y disfrutarán de la ilusión óptica. Puede que no estén preocupados por cómo se realizó el truco. Más bien, estarán preocupados por el truco que realmente funciona. Entonces, mientras el truco "funcione", su funcionamiento interno no importa.

El aprendizaje tradicional generalmente se relaciona con un lado del cerebro sobre otro. Esto se debe en gran parte a la compartimentación del aprendizaje. En consecuencia, la clase de arte es la clase de arte, mientras que la clase de ciencias es la clase de ciencias.

Bajo el paradigma de aprendizaje acelerado, el proceso de aprendizaje debe explicar, en la medida de lo posible, la integración de ambos paradigmas. Lo que esto significa es que el estudiante debe tener la oportunidad de abordar el mismo tema desde varios ángulos.

Incluso algunos de los conceptos más complejos y basados en la lógica tienen espacios para la creatividad y la expresión artística.

Piense en el universo.

Comprender cómo funcionan las estrellas y las galaxias es uno de los esfuerzos científicos más complejos que la humanidad haya emprendido. Sin embargo, hay una gran belleza y estética en la manera en que se forman las galaxias y las estrellas.

Algo tan simple como el jardín, que involucra gran parte de la ciencia, también tiene un componente artístico. Por lo tanto, prácticamente cualquier cosa en la vida se puede ver desde ambos lados. Por lo tanto, el aprendizaje acelerado busca combinar ambos hemisferios cerebrales para conducir hacia lo que se conoce como el "aprendizaje cerebral total".

Aprendizaje de Todo el Cerebro

Bajo este concepto, el aprendizaje de todo el cerebro implica que ambos hemisferios cerebrales funcionen al unísono.

¿Cómo es esto posible?

Bueno, hay una manera altamente efectiva en la que puede involucrar a ambos lados del cerebro en el proceso de aprendizaje: usar las emociones.

Verá, las emociones son típicamente una función del cerebro derecho. Entonces, la mayor parte del aprendizaje, especialmente cuando se trata de materias académicas, tiende a ocurrir en el lado izquierdo. Por lo tanto, es esencial para activar el lado derecho. Cuando puede hacer esto, se vuelve adepto a activar el mecanismo de respuesta de todo el cerebro.

La forma en que puede desencadenar emociones es creando un entorno propicio para el aprendizaje. Cuando hace esto, activa el cerebro derecho. Por ejemplo, a algunos entrenadores de aprendizaje acelerado les gusta tocar música de fondo.

Otros prefieren tener juegos y otras actividades grupales solo para romper el hielo. Lo que esto hace es desencadenar emociones positivas activando el lado derecho del cerebro. Luego, el aprendizaje puede tener lugar en el lado izquierdo del cerebro como se pretende.

Si su tema está más orientado hacia el cerebro derecho, puede hacer que los estudiantes hagan acertijos para romper el hielo. Cuando eso sucede, el lado izquierdo se activa. E incluso si las actividades del cerebro derecho requieren altas dosis de creatividad, el cerebro izquierdo puede colaborar con mediciones, cálculos y otros tipos de actividades similares.

Al final del día, depende de usted determinar si sus actividades requieren el lado izquierdo o derecho del cerebro. Una actividad simple que puede hacer en casa, mientras estudia o trabaja, es reproducir música suave de fondo. Si esto le distrae, haga lo mejor que pueda para tomar un descanso de vez en cuando y visualice el resultado deseado. Estos tipos de actividades seguramente le ayudarán a darle a su cerebro derecho un buen arranque.

Integrando la Mente y el Cuerpo

A menudo, la compartimentación del aprendizaje crea una diferencia entre la mente y el cuerpo. Hay momentos en que la mente está tan envuelta en el procesamiento de la información que el cuerpo simplemente se convierte en transporte para el cerebro.

Por otro lado, el cuerpo está tan enfocado en realizar actividad física que puede pasar por alto ciertos procesos intelectuales que ocurren de manera inconsciente. Por ejemplo, un corredor de larga distancia necesita usar la mente para calcular la velocidad y la distancia. Además, la mente usa el intelecto para determinar si el ritmo actual es apropiado y así sucesivamente.

Sin embargo, todos estos procesos mentales ocurren independientemente de lo que realmente hace el cuerpo. En última instancia, parece que el corredor está en piloto automático ya que su enfoque está en llegar a la línea de meta.

Teniendo eso en cuenta, es importante considerar qué tan importante es vincular la mente y el cuerpo y mantenerlos conectados. Si bien hay actividades que están muy inclinadas hacia un lado o el otro, vale la pena tener en cuenta que hacer esta conexión de manera constante lo ayudará a lograr los objetivos deseados.

Por ejemplo, puede visualizarse corriendo sin problemas. O bien, puede usar el poder de las afirmaciones para preparar su mente de modo que pueda estar listo para el día de la carrera. Además, la meditación y la atención plena son formas en las que la mente y el cuerpo pueden vincularse incluso durante una carrera. Como puede ver, hay muchas posibilidades que puede utilizar para su ventaja.

Comportamientos Alternativos

El hábito es uno de los factores más importantes que determinarán su éxito en el ámbito del aprendizaje acelerado. Si sus hábitos no son consistentes con los resultados esperados, será mucho más difícil lograrlos.

¿Entonces, qué puede hacer usted al respecto?

Cuando está interesado en alcanzar un objetivo o resultado determinado, puede modificar sus comportamientos y patrones para que se adapten a sus resultados.

Un ejemplo muy simple de esto se puede ver en alguien que desea perder peso. La pérdida de peso no ocurre automáticamente. De hecho, generalmente es una combinación de una buena dieta y ejercicio regular. Sin embargo, si no cumple con alguno de estos aspectos, puede estar saboteando sus posibilidades de perder peso. En consecuencia, necesita modificar sus comportamientos para que pueda desarrollar hábitos que puedan llevarlo a lograr los resultados deseados.

Si bien la alteración de los patrones de comportamiento es un tema en sí mismo, el hecho es que el aprendizaje acelerado aboga por los cambios necesarios para preparar el entorno para el aprendizaje. Por lo tanto, ciertamente vale la pena tomarse el tiempo para revisar sus patrones de comportamiento actuales para ver si alguno de los comportamientos que está exhibiendo actualmente puede estar saboteando sus posibilidades de aprender y desarrollar sus habilidades personales.

Aprendizaje de Por Vida

Uno de los productos más importantes del aprendizaje acelerado es el aprendizaje permanente.

Cuando crea las circunstancias, lo que necesita para facilitar el aprendizaje, se volverás adicto al aprendizaje tanto como pueda. Una de las razones principales por las que a muchas personas no les gusta aprender es porque les cuesta hacerlo.

Naturalmente, aprender es difícil a menos que sepa los trucos del oficio. Es por eso que el aprendizaje acelerado brinda la oportunidad de desbloquear el potencial de su cerebro. Solo con la implementación de las técnicas que hemos descrito hasta ahora, puede configurarse para el éxito.

Por supuesto, todavía hay mucho más por venir.

Pero mientras tanto, crear un ambiente positivo, centrarse en sentimientos positivos y vincular a todo su cerebro en el proceso de aprendizaje será suficiente para despegar. Ahora imagine todo el material que aún no hemos cubierto.

Si usted es un educador, tómese el tiempo para crear un ambiente de aprendizaje positivo para que sus estudiantes puedan sentirse cómodos y motivados para aprender. Al inculcar este deseo y ganas de aprender, les estarás dando algo mucho más valioso que eso que pueden encontrar en un libro de texto.

Capítulo 3: Las Cuatro Etapas del Aprendizaje

En este capítulo, vamos a echar un vistazo a las cuatro etapas del aprendizaje. Bajo la filosofía del aprendizaje acelerado, todo el proceso de aprendizaje tiene lugar en cuatro etapas. Cada etapa representa un paso lógico en el proceso general. Cada paso debe ser observado en consecuencia. De lo contrario, saltarse las etapas puede llevar a un aprendizaje inadecuado y la necesidad de revisar ciertas partes del proceso.

Por consiguiente, es importante observar estas cuatro etapas a medida que se presentan para garantizar que los estudiantes tengan la oportunidad de comprender completamente la información que se les presenta. Si está aprendiendo por su cuenta, puede tomar estas etapas y evaluar dónde se encuentra en este momento. Al hacerlo, puede hacer que le sea más fácil lograr los resultados deseados establecidos en sus objetivos de aprendizaje.

Además, la comprensión de cada una de estas etapas le permite planificar en consecuencia. Entonces, si usted es un educador, puede planificar sus actividades en torno a cada una de estas etapas. Si está aprendiendo por su cuenta, también puede planificar sus actividades en torno a las etapas en las que siente que necesita dedicar tiempo y atención.

En última instancia, cada etapa cumple un propósito. Por lo tanto, reconocer el propósito de cada etapa le permitirá ser más eficiente y efectivo en el proceso de adquisición de conocimiento. Lo mejor de todo es que las cuatro etapas descritas en este capítulo conforman un modelo universal que se puede aplicar a prácticamente cualquier área de estudio. Este es un elemento clave que seguramente hará que todo su proceso de enseñanza y aprendizaje sea mucho más fácil.

Así que aguante; Vamos a echar un vistazo a cómo se desarrolla cada una de estas etapas a lo largo del proceso de aprendizaje.

Primera Etapa: Preparación
(Desarrollando Interés)

Uno de los fundamentos del aprendizaje acelerado es reforzar el interés del estudiante.

Si los estudiantes están naturalmente interesados y motivados para aprender algo, buscarán la información que necesiten por cualquier medio que sea necesario. Esta es una situación ideal, ya que los estudiantes altamente motivados harán que lograr resultados educativos sea mucho más fácil.

Por supuesto, no se garantiza que tener estudiantes motivados garantice el éxito. Pero, tener individuos motivados ciertamente hace que sea más fácil planificar tareas y actividades. Por supuesto, si un educador elige tareas y actividades que no tienen éxito, el interés del estudiante puede verse afectado incluso hasta un punto de no poderse reparar.

Si bien sería ideal tener un salón de clases lleno de estudiantes motivados, qué sucede cuando tiene que lidiar con un salón de clases lleno de estudiantes desmotivados.

Además, ¿qué hace cuando usted mismo no está interesado y no está motivado para aprender algo?

Este escenario realmente complica la tarea en cuestión.

Cuando tiene individuos desmotivados, puede ser bastante difícil alcanzarlos. De hecho, hay ocasiones en que es prácticamente imposible alcanzarlos por completo. Los aprendices que no están interesados en aprender algo se resistirán a participar en actividades hasta un punto en el que puedan llegar a ser disruptivos.

Podría haber una serie de razones que estimulen la falta de interés de los estudiantes. A menudo, la falta de interés en el tema en cuestión puede ser el resultado de una falta de relevancia en el tema. Si los estudiantes no pueden ver la utilidad de un área de estudio, será muy difícil llegar a ellos y, por lo tanto, brindarles una experiencia de aprendizaje significativa.

Otras veces, los estudiantes simplemente no están interesados en el tema en cuestión. Esto puede deberse a la falta de temas apropiados para su edad o la entrega de dichos temas puede no ser la más apropiada para su edad. En la era de la tecnología multimedia, ciertamente vale la pena encontrar las formas más adecuadas de llegar a los estudiantes.

Ahora, la base de la etapa de preparación es aumentar el interés del estudiante tanto como sea posible. Por lo tanto, incluso si los estudiantes ya están entusiasmados con el aprendizaje de algo, aumentar su interés es de suma importancia.

Una de las formas más efectivas de despertar el interés del estudiante es revelar el resultado final de un tema determinado. Cuando pueda hacer esto, los estudiantes podrán sentir aplicación de los contenidos que aprenderán. Esto ayuda a proporcionar el contexto adecuado en el que los estudiantes pueden ver realmente cómo se aplican los contenidos en la vida real.

Además, la etapa de preparación consiste en establecer un entorno de aprendizaje positivo. Esto incluye crear sentimientos positivos desde el principio. Por lo tanto, si el tema es desafiante, o si los estudiantes no se sienten muy seguros, entonces es responsabilidad del educador crear un ambiente positivo. Al hacerlo, la ansiedad y el miedo pueden reducirse drásticamente hasta un punto en el que los estudiantes pueden sentirse cómodos.

Considere este ejemplo:

Es el primer día de clase (eso es suficiente para la ansiedad).

Ahora, supongamos que los estudiantes son todos nuevos y pueden no conocerse entre sí. Además, no conocen al maestro o al educador. Todos están ansiosos y no saben qué esperar. Por lo tanto, la tensión aumenta y la ansiedad puede aumentar también.

El educador tiene dos alternativas.

La primera es aumentar la tensión y la ansiedad al parecer estricto y exigente. Además, el educador deja claro que la clase es dura y que solo los mejores pasarán. La intención es desafiar a los estudiantes a que hagan lo mejor que puedan, aunque solo un puñado lo logrará.

No hace falta decir que este enfoque no es propicio para el aprendizaje. Aunque ser estrictos y exigentes es definitivamente necesario en ciertos puntos, sumarse a la tensión y la ansiedad que los estudiantes ya están sintiendo solo crea una presión innecesaria sobre el grupo de estudiantes.

La otra opción es difundir la situación por completo. El punto aquí no es que el maestro o el educador, entren al aula y canten y bailen para los estudiantes. Lo que el educador puede hacer para difundir la situación es abordar las inquietudes que los estudiantes pueden tener desde el principio. El educador puede abordar la reputación de la clase por ser desafiante. Además, el educador puede proporcionar a los estudiantes una serie de consejos y estrategias que pueden utilizar para mejorar su rendimiento y, finalmente, aprobar el curso.

¿Puede ver la diferencia entre ambos enfoques?

Este último busca crear un ambiente positivo desde el principio. El primero, solo se suma a los sentimientos negativos que los estudiantes pueden estar sintiendo. Esto conduce a la compartimentación del aprendizaje, además de matar el interés y la motivación.

Por lo tanto, es importante revelar la aplicación del conocimiento que los estudiantes adquirirán mientras se preparan para el éxito. De esa manera, los estudiantes se sentirán capacitados mientras se dan cuenta del hecho de que pasar la clase depende completamente de ellos.

Aquí hay algunas grandes tareas que pueden llevar a una fuerte etapa de preparación:

- Utilizar el poder de las sugerencias positivas
- Identificar los beneficios para el estudiante

- Establecer objetivos claros y significativos
- Llamar la curiosidad siempre que sea posible
- Establecer un entorno físico fuerte
- Establecer un ambiente con fuertes emociones
- Establecer un entorno de colaboración fuerte
- Eliminar miedos y ansiedades.
- Romper las barreras de aprendizaje
- Abordar problemas potenciales desde el principio
- Maximizar la participación desde el principio.

Estas tareas pueden ayudar a reducir la ansiedad del estudiante hasta un punto en el que puedan sentirse cómodos desde el primer día en que ingresen al aula o área de capacitación. Como individuo, comprender los beneficios y problemas que pueden surgir durante el proceso de aprendizaje, ayudará a mejorar sus posibilidades de lograr un resultado exitoso al final del proceso de aprendizaje.

Segunda Etapa: Presentación
(El Primer Encuentro)

La etapa de presentación es similar a una primera cita.

Cuando dos personas van a una primera cita, pueden sentirse atraídos e interesados el uno por el otro. Sin embargo, no saben realmente qué esperar cuando se acercan. Pueden tener una idea, pero pueden no estar realmente familiarizados con el funcionamiento interno de esa persona.

La etapa de presentación actúa de la misma manera.

Los aprendices pueden tener cierta comprensión del tema, pero pueden no entender realmente los entresijos de este. En consecuencia, no descubrirán realmente de qué se trata hasta que realmente se sientan y comiencen a repasarlo.

En este punto, la motivación debe traducirse en acción. Por lo tanto, incluso si los estudiantes están muy motivados para aprender el conocimiento que se les presentará, su primer encuentro debe traducirse en una acción que pueda llevar a la aplicación práctica de ese conocimiento.

Por lo tanto, el enfoque principal de esta etapa es brindar a los estudiantes la suficiente seguridad de que no se sentirán intimidados por el nuevo conocimiento que se espera que comprendan. Además, esta etapa también trata de hacer ese primer encuentro, especialmente si es la primera vez que los estudiantes entran en contacto con el tema, lo más agradable y placentero posible.

Piense en este escenario.

Se has inscrito en una clase de idiomas. Está ansioso por aprender un nuevo idioma, ya que siente que es un desafío personal y una excelente manera de avanzar en su carrera. Aparece en la primera clase con un profesor nativo de ese idioma.

Ya que es la primera clase y su primer encuentro con este idioma, realmente no tiene idea de qué esperar. Es posible que tenga una idea de lo que ocurrirá, especialmente si ha estudiado otro idioma en el pasado, pero no puede estar seguro de que esta vez sea igual.

Entonces, la clase comienza.

El profesor comienza a dar clases en el idioma sobre gramática y vocabulario. El vocabulario se presenta haciendo que el maestro lea un libro de texto y dicte una serie de palabras. No se recomienda que los estudiantes utilicen diccionarios o se comuniquen en su idioma nativo. También se espera que los estudiantes traduzcan una larga lista de palabras de vocabulario a su idioma nativo y que produzcan oraciones de muestra para cada palabra.

Si esto suena como un enfoque aburrido, entonces está en lo cierto. De hecho, el enfoque descrito anteriormente es consistente con la técnica de memorización adoptada por los paradigmas educativos tradicionales.

Además, este enfoque no facilita a los estudiantes el tema. Se espera que se pongan en movimiento y sigan el paso del profesor. Para los estudiantes que nunca han escuchado una palabra de un nuevo idioma, puede ser intimidante e incluso desalentador estar en una clase en la que ni siquiera pueden entender las instrucciones de las actividades.

Por otro lado, el profesor, consciente de que muchos de estos estudiantes nunca han escuchado una palabra del idioma de destino, decide inundarlos con palabras e imágenes de vocabulario para ayudar a la comprensión. De esta manera, el profesor combina un estímulo auditivo (decir una palabra), con un estímulo visual (una imagen que representa la palabra en cuestión).

Este enfoque no solo combina varios sentidos, sino que también brinda a los estudiantes algo familiar para comprender. El uso de imágenes es una forma ideal de vincular el conocimiento previo con uno nuevo. Además, el uso de equipos multimedia puede despertar aún más el interés de los estudiantes al presentar nueva información de una manera en la que los estudiantes están totalmente familiarizados.

Si los estudiantes tienen problemas para comprender el tema, el educador puede verse obligado a recurrir a la traducción al idioma nativo o proporcionar algún comentario adicional que pueda ayudar a los estudiantes a comprender el significado del vocabulario nuevo.

El punto subyacente en el ejemplo anterior es que un maestro puede hacer que un primer encuentro sea placentero y agradable hasta el punto de que todos los involucrados puedan fácilmente pasar a interactuar con el nuevo idioma. De hecho, hay muchas maneras en que los estudiantes pueden sentirse mejor con un nuevo tema.

Estas son algunas de las tareas que se pueden realizar para promover un primer encuentro positivo:

- Utilizar evaluaciones diagnósticas colaborativas para ayudar a los estudiantes a medir su nivel inicial de conocimiento
- Observar el campo de estudio de lo que aprenderán
- Involucrar ambos lados del cerebro y el movimiento físico tanto como sea posible
- Implementar un enfoque de presentación interactiva (evitando así presentaciones tipo conferencia)
- Usar colores, gráficos y accesorios siempre que sea posible
- Incorporar una variedad de actividades para atraer a varios estilos de aprendizaje.
- Usar el trabajo en equipo tanto como sea posible
- Guiar a los estudiantes a descubrir contenido y el significado por ellos mismos.
- Proporcionar al estudiante experiencias del mundo real siempre que sea posible

- Dar a los estudiantes actividades de resolución de problemas tanto como sea posible

Por favor, tenga en cuenta que los estudiantes desafiantes, o usted mismo, son un medio esencial para desarrollar confianza al mismo tiempo que despierta curiosidad. Al final del día, cuando se desafía a los estudiantes, se sentirán obligados a ver las cosas hasta el final. Aunque, los estudiantes también deben ser recompensados cuando están a la altura de las expectativas. Las recompensas son una excelente manera de fomentar la retroalimentación y el refuerzo positivo.

Tercera Etapa: Practicar
(Esta es la fase de Integración)

El propósito principal de esta etapa es que los estudiantes integren lo que han aprendido en una aplicación práctica como se describe al comienzo del bloque de instrucción.

De esta manera, los estudiantes podrán usar su nuevo conocimiento para completar un objetivo o tarea.

En este punto del proceso de aprendizaje, los estudiantes deben contar con una amplia oportunidad para poner sus conocimientos en práctica con el entendimiento de que cometerán errores. Tales errores están destinados a ser utilizados como una oportunidad de aprendizaje. Depende del educador asegurarse de que los estudiantes aprovechen estas oportunidades de aprendizaje para desarrollar su comprensión del tema.

La práctica también debería parecerse lo más posible a las aplicaciones del mundo real. Esto puede incluir proporcionar oportunidades en un contexto de la vida real.

Considere este ejemplo:

Un grupo de cadetes militares han estado aprendiendo cómo manejar armas de fuego. Hasta ahora, se les ha mostrado la teoría detrás del manejo de un arma de fuego. Ahora, están listos para salir al campo de tiro por primera vez. Dado que ya han encontrado armas de fuego al manejarlas sin munición real, entienden cómo están destinadas a ser utilizadas.

Sin embargo, no es hasta que realmente disparan una que en realidad entienden lo que significa usar un arma. En consecuencia, los instructores a cargo de enviar a estos cadetes por primera vez tienen la intención de proporcionar a sus estudiantes un contexto del mundo real.

Por lo tanto, a los participantes se les puede pedir que participen en un combate simulado en el que se les pide que disparen a objetivos específicos. Este contexto de la vida real está dirigido a ayudar a los cadetes a desarrollar seguridad en el uso de armas de fuego. Además, a los cadetes también se les pide que se pongan en la posición de su enemigo. De esa manera, pueden entender mejor las acciones y reacciones de sus enemigos.

En este ejemplo, la práctica que se brinda a quienes disparan por primera vez pretende brindarles una aplicación práctica de algo que solo han visto en un libro de texto o como parte de una presentación multimedia. Es posible que también hayan presenciado una demostración en vivo, pero que nunca hayan tenido un arma de fuego en sus manos. En consecuencia, las oportunidades de práctica que se les brindan permitirán a los participantes tener una idea de lo que se puede esperar de ellos una vez que se desplieguen en un área de misión.

Entonces, la retroalimentación adecuada es esencial para asegurar que se hayan alcanzado los objetivos de aprendizaje y el resultado esperado. Si se necesita más práctica, entonces esta se puede proporcionar dadas las circunstancias específicas del proceso de aprendizaje.

En general, proporcionar a los estudiantes, o a usted mismo, una amplia práctica es importante para lograr la competencia en cualquier tema. Si está aprendiendo una habilidad por su cuenta, encontrar oportunidades de práctica ciertamente le ayudará a ser más adepto. Sin embargo, pueden ser difíciles de lograr.

Por lo tanto, la colaboración con otras personas de mentalidad similar puede ayudarlo a mejorar sus habilidades a través de la interacción. Por ejemplo, ha estado aprendiendo un nuevo idioma a través de tutoriales en línea y libros de texto. Se ha vuelto adepto a entender conversaciones en televisión y videos. Sin embargo, no es tan fluido como le gustaría ser ya que no ha podido practicar con nadie.

Sin embargo, ha logrado encontrar grupos en línea donde puede practicar con otras personas que están aprendiendo el mismo idioma que usted. Si bien puede que no sea exactamente lo mismo que viajar al país donde se habla ese idioma, puede ser suficiente para ayudarlo a mejorar sus habilidades. Por supuesto, el escenario ideal sería encontrarse inmerso en el país y la cultura que habla el idioma. Sin embargo, cualquier oportunidad de práctica significativa lo ayudará a mejorar sus habilidades y capacidades.

Aquí hay algunas sugerencias que puedes implementar durante la etapa de práctica:

- Actividades de procesamiento del conocimiento (desglosando el conocimiento y aplicado a situaciones prácticas).
- Actividades prácticas seguidas de comentarios relevantes
- Simulaciones y ensayos.
- Situaciones ramificadas
- Simulacros de ejercicios y demostraciones.
- Resolver problemas relacionados.

- Reuniones y sesiones informativas
- Aprendizaje colaborativo y práctica.
- Corrección en parejas
- Enseñanza en parejas

Como puede ver, estas técnicas tienen la intención de brindarle oportunidades para aprender y practicar. Tenga en cuenta que la práctica significativa es la forma más importante en la que puede mejorar sus habilidades.

Más importante aún, la práctica conducirá a aumentar la confianza y, por lo tanto, a aumentar las emociones positivas. A medida que los estudiantes adquieren más y más destreza en una habilidad dada, su interés y motivación seguramente alcanzarán niveles más altos. En consecuencia, esta actitud se convierte en un circuito de retroalimentación en el que cada éxito se alimenta del siguiente.

Eventualmente, los estudiantes llegarán a dominar la habilidad que han estado aprendiendo. Será en esta etapa que los estudiantes se "graduarán" al siguiente nivel de dificultad. Verá, alcanzar nuevos niveles de dificultad solo proporcionará motivación adicional para aumentar el aprendizaje.

Cuarta Etapa: Rendimiento (Aplicación)

La etapa de rendimiento es el punto en el que los estudiantes pueden extender sus alas. Aquí es donde el conocimiento que han adquirido se puede aplicar a las situaciones del mundo real para las que fueron capacitados.

En este punto, los estudiantes realmente están llevando a cabo lo que se esperaba que hicieran al comienzo del bloque de instrucción. Ahora, el tiempo que demora depende del tema en sí. Sin embargo, al aplicar las estrategias que hemos descrito hasta ahora, puede reducir drásticamente la cantidad de tiempo que le tomaría aprender estas habilidades.

Cuando los estudiantes alcanzan la etapa de rendimiento, ahora pueden poner a prueba sus conocimientos recién adquiridos en el mundo real. Por lo tanto, podrán determinar si lo que han aprendido es realmente útil y relevante.

Además, cuando son capaces de confirmar la relevancia y la validez de su aprendizaje, la motivación aumenta a medida que aumenta su confianza. Este es, quizás, el efecto secundario más importante del aprendizaje bajo la metodología de aprendizaje acelerado. Puede llevar a los estudiantes a un punto en el que ellos, o incluso usted mismo, pueden sentirse verdaderamente satisfechos con los resultados al final de un bloque de instrucción.

Considere esta situación:

Siempre ha querido aprender a hacer un pastel. Parece bastante sencillo, aunque hornear tiene sus complejidades. Entonces, ha decidido seguir un tutorial en línea adecuado en el que obtendrá toda la información y la práctica que necesita para hacer un pastel.

Bajo la metodología de aprendizaje acelerado, usted se asegurará de estar relajado, establecerá un buen ambiente de aprendizaje a través de una visualización y afirmaciones positivas, mientras se enfoca en los resultados deseados.

El tutorial en sí dura aproximadamente una hora, pero la preparación real y el horneado del pastel durarán un par de horas más. Al final, está pensando en invertir alrededor de 3 a 4 horas en su primer pastel.

Después de ver el tutorial, respira hondo y se visualiza haciendo el pastel. Visualiza el producto final luciendo espléndido y sabroso. Se ha imaginado comiéndolo mientras tu familia entera lo disfruta. Incluso se visualiza recibiendo algunas felicitaciones por el sabor.

Entonces, comienza a hacerlo.

La primera etapa, la etapa de preparación, consistió en hacer la elección de hornear el pastel. Luego, la segunda etapa consistió en ver tutorial y tomar notas antes de intentar hacer el pastel. La tercera etapa, la etapa de práctica, consistió en reunir los ingredientes y realizar su primera prueba. Luego, la etapa de rendimiento es cuando ha pasado por todo el proceso para hacer un pastel por su cuenta.

Al final de la etapa de rendimiento, tiene un pastel que está listo para ser comido.

¿Será su primer pastel alguna vez perfecto?

Tal vez no.

Aunque eso es natural. Es natural que sus primeros intentos resulten en errores. Después de todo, nadie es perfecto en su primer intento. Pero, a medida que haga más y más intentos, podrá dominar y perfeccionar esta habilidad. En ese momento, podrá pasar a otra cosa.

Si bien este ejemplo puede parecer bastante simple, el hecho es que cualquiera puede aprender cualquier cosa si realmente lo desea. Quizás siempre haya querido aprender a hornear. Tal vez siempre haya querido realizar un baile en específico. Quizás siempre haya querido aprender a jugar un deporte determinado.

Independientemente de lo que tenga en mente, puede lograrlo a través del poder de su interés y motivación. Si, por el contrario, no está interesado en aprender algo, será muy difícil motivarse hasta el punto de hacerlo.

Esto es algo que normalmente sucede con la capacitación en el trabajo. Hay momentos en que las empresas tienen cursos obligatorios que los empleados deben tomar. La mayoría de las veces, los empleados los hacen porque tienen que hacerlo. A menudo, no lo hacen tan bien como podrían simplemente porque su interés no está allí.

La razón más importante para no despertar el interés de los estudiantes en este caso se debe al hecho de que la empresa no deja en claro el beneficio para el empleado.

Por ejemplo, una empresa está exigiendo que los empleados tomen una clase de seguridad en el lugar de trabajo. Solo son un par de horas de instrucción en el aula. Sin embargo, es como sacarles los dientes a algunos empleados. Se quejan de que ya están detrás de su trabajo y tomarse dos o tres horas de descanso solo les hará más difícil ponerse al día. Otros afirman que no lo necesitan, mientras que otros están abiertos al curso.

Si ha visto esta actitud antes, entonces sabe exactamente lo que sucede.

Sin embargo, la gerencia de la compañía puede "vender" el beneficio de tomar este curso. Tal vez ha habido algunos accidentes recientemente. Entonces, la compañía quiere asegurarse de que nadie salga lastimado. Tal vez los empleados que se lastimaron están pasando por un momento muy difícil ahora.

Además, la gerencia de la empresa puede incentivar a los empleados que toman la clase otorgándoles una insignia. Quizás los mejores empleados puedan ser destacados.

Pero al igual que en el ejemplo anterior, debe comprender claramente cuál será el beneficio de su acción. Si tiene claro que al hacer algo se conducirá a un resultado importante, será mucho más fácil levantarse y moverse. Después de todo, tener metas y objetivos claros en mente es una de las cosas más importantes a las que puede acudir para motivarse y mantenerse motivado. Al hacerlo, no necesitarás que nadie le diga qué hacer. De hecho, sabrá exactamente lo que debe hacer ya que cada paso que tome lo acercará más al resultado deseado.

Capítulo 4: Herramientas Específicas Para el Aprendizaje Acelerado

En este capítulo, analizaremos varias herramientas y técnicas que se pueden utilizar para aumentar la filosofía fundamental del aprendizaje acelerado.

Estas herramientas y técnicas son probadas y demostradas en el mundo real. Pueden aplicarse en un aula o pueden ser utilizadas por personas que están aprendiendo por su cuenta. En consecuencia, puede aplicarlas en prácticamente cualquier entorno en el que tenga lugar el aprendizaje.

Además, estas herramientas y técnicas son perfectamente aplicables a niños, adolescentes y adultos. Por lo tanto, abarcan cualquier tipo de aprendiz, en cualquier contexto y bajo cualquier circunstancia. A menos que el contexto del aprendizaje de alguna manera restrinja el acceso a algunas de estas herramientas y técnicas, encontrará que pueden funcionar perfectamente bien en cualquier contexto.

Por ejemplo, si se encuentra trabajando con estudiantes en una zona pobre del mundo donde hay muy poco acceso a la electricidad, si es que hay alguno, entonces debería considerar usar herramientas que no requieran el uso de la electricidad.

Además, estas herramientas y técnicas pueden adaptarse a la edad y al nivel de interés que los estudiantes pueden mostrar. Naturalmente, los adolescentes tendrán diferentes intereses en mente en comparación con los adultos. Por lo tanto, adaptar estas herramientas para que se ajusten a su edad y nivel de interés les hará avanzar un largo camino para lograr la máxima efectividad.

Si está aprendiendo por su cuenta, tómese el tiempo para ver cómo puede personalizarlos para satisfacer sus necesidades e intereses particulares. Encontrará que, al hacerlo, mejorará su entorno de aprendizaje en general.

La Herramienta Número Uno
Usar Música para Mejorar la Experiencia de Aprendizaje

Vamos a liderar las cosas discutiendo el uso de la música como una herramienta para mejorar la experiencia de aprendizaje.

La música es una de las herramientas favoritas para los practicantes de aprendizaje acelerado. Dependiendo del tipo de música que se use, puede proporcionar a los estudiantes los estímulos que necesitan en ciertas partes del cerebro. Estos estímulos desencadenan reacciones neuroquímicas que estimulan al cerebro a aprender.

En particular, la música estimula el sistema límbico en el cerebro. El sistema límbico es la parte del cerebro que está asociada con la memoria a largo plazo. Es por esto que comúnmente se cree que la música, especialmente la música clásica, estimula la memoria y el aprendizaje.

El razonamiento detrás de esta afirmación se debe al hecho de que la memoria a corto plazo se encarga de procesar la información entrante. Por lo tanto, la memoria a corto plazo generalmente se ejercita bastante, ya que está procesando constantemente la información que recibimos durante las horas de vigilia.

Una vez que la memoria a corto plazo termina de procesarse, el cerebro decide si vale la pena conservar la información procesada o si se la descarta. La información que el cerebro descarta está filtrada por relevancia. Por lo tanto, si el cerebro considera que algo no es importante, esta información se desechará. De manera similar, si el cerebro considera que la información es útil, entonces la archivará en el almacenamiento de memoria a largo plazo. Es por ello que la memoria a largo plazo es crucial para el aprendizaje.

Las personas que tienen problemas con la memoria a largo plazo pueden encontrarse comprendiendo el tema que están estudiando, pero luego pueden descubrir que la información no se "queda" en sus mentes. Después de un tiempo, tienen problemas para recordar la información que se les presentó anteriormente. Esto puede deberse a una falta de transferencia de información desde la memoria de corto plazo al repositorio de memoria a largo plazo.

En consecuencia, la música es una gran manera de estimular el sistema límbico. En general, cualquier tipo de música servirá. Sin embargo, se recomienda que la música que se elija para aumentar el aprendizaje contenga una variación de tonos, ritmos, escalas, notas, etc. La razón de esto es que el cerebro necesita adaptarse a los diversos matices de cada tipo de música. Por lo tanto, escuchar el mismo tipo de música una y otra vez permite que el cerebro se ajuste a los ritmos y tonos. Por lo tanto, el efecto estimulante desaparece después de un tiempo.

En niños pequeños, exponerlos a varios tipos diferentes de ritmos y sonidos es crucial para ayudar al desarrollo de sus capacidades de memoria. Cuando agrega práctica con letras, el cerebro del niño comienza a procesar una gran cantidad de estímulos auditivos. Esto lleva al cerebro a alterar su química y su actividad de ondas cerebrales para adaptarse a los grandes cambios en la estructura de la música.

Si es adulto, puede usar la música para ayudarse a concentrarse en el trabajo o el estudio. A menudo, la música suave y relajante es una excelente manera de ayudarse a concentrarte. Por supuesto, puede usar prácticamente cualquier tipo de música siempre que no le distraiga.

Es importante tener esto en cuenta.

Si la música distrae en última instancia, es posible que desee considerar cambiar a un tipo de música que pueda ayudarle a concentrarse. Para algunas personas orientadas al lenguaje, la música instrumental funciona mejor, ya que la falta de palabras y el canto quitan la distracción de las palabras.

Por otra parte, hay personas que necesitan trabajar en silencio para concentrarse. En ese caso, puede escuchar música durante unos minutos antes de comenzar a trabajar. Luego, pueden apagar la música y reanudarla una vez que hayan completado las tareas en las que han estado trabajando.

Además, la música se puede utilizar para reducir el estrés y la ansiedad. Cuando se presentan materiales desafiantes junto con música suave, el estímulo auditivo de la música suave puede ayudar a los estudiantes a relajarse mientras prestan atención al nuevo contenido que se les presenta. Sorprendentemente, esta es una gran herramienta para ayudar a los adultos a superar cualquier temor que puedan tener.

La Herramienta Número Dos
Contenido Basado en Temas

Uno de los errores más grandes que cometen los educadores es presentar el contenido de manera aislada, lo que significa que el contenido y la información se presentan simplemente tal como están sin vincularlos a algo significativo y relevante.

Anteriormente, hicimos este punto y subrayamos su importancia. Es absolutamente vital que los estudiantes comprendan por qué se les presenta algo y qué beneficios pueden esperar obtener de este contenido. De lo contrario, el contenido presentado de forma aislada solo conducirá a que los estudiantes se desconecten. En el mejor de los casos, simplemente pasarán a través de los movimientos. En el peor de los casos, los educadores se encontrarán con tanta resistencia que puede terminar siendo perjudicial para el proceso de aprendizaje.

En general, el contenido basado en temas consiste en presentar el contenido en un contexto específico. Independientemente de la naturaleza del contenido, presentar contenido dentro de su contexto natural hace una gran diferencia

Considere la siguiente situación:

En una clase regular de matemáticas, los estudiantes comienzan a aprender sobre ecuaciones. Sin embargo, el profesor no se ha tomado el tiempo de explicarles por qué es importante conocer las ecuaciones ni cuál es la aplicación práctica de las mismas.

En consecuencia, los estudiantes se sientan en clase haciendo movimientos mientras se preparan para el examen. Los estudiantes saben que, si fallan en el examen, fallarán en la clase y, por lo tanto, bajarán su clasificación. Entonces, su única motivación es pasar la clase y terminar con ella.

Por el contrario, un grupo de estudiantes de ingeniería están aprendiendo sobre ecuaciones que pueden ayudarles en el campo elegido. Naturalmente, están comprometidos y motivados para aprender tanto como sea posible, ya que saben que llegar a ser competentes en esta área les ayudará a conseguir un gran trabajo.

El ejemplo anterior ilustra el mismo tipo de contenido, excepto en circunstancias diferentes. En la primera clase, los estudiantes están esencialmente obligados a pasar el contenido simplemente porque tienen que hacerlo. No aprecian completamente la relevancia y utilidad del contenido. Entonces, el maestro se encuentra con resistencia ya que los estudiantes no están completamente comprometidos con el aprendizaje.

En la segunda clase, los estudiantes son plenamente conscientes del hecho de que llegar a ser competentes en esta materia les ayudará a obtener un gran trabajo. En última instancia, es un incentivo financiero que está impulsando su interés en la clase. Los estudiantes entonces harán todo lo posible por aprender lo más posible, dado el resultado positivo que esperarán.

Por lo tanto, presentar la información y el contenido en su contexto natural es la mejor manera de garantizar que los estudiantes se involucren lo más posible. Al final del día, lo principal es lograr que los estudiantes vean la relevancia y la aplicación del contenido que están viendo.

Para los estudiantes individuales, agrupar la información según el tema o la materia es una excelente manera de organizar el contenido de tal manera que sea fácil de encontrar y vincular de una manera lógica. De hecho, tener un esquema organizativo sólido es la mejor manera de usar el aprendizaje basado en temas.

La Herramienta Número Tres
Hacer Buen uso de Pictogramas y Mapas Conceptuales

Los pictogramas son medios visuales que se pueden utilizar para representar ideas y conceptos.

Los pictogramas pueden ser relativamente simples en su diseño, aunque su primo más complejo, el mapa conceptual, es verdaderamente la estrella del espectáculo.

Cada vez que pueda usar cualquier tipo de organizador gráfico para hacer que los conceptos abstractos sean más fáciles de digerir, facilitará enormemente el proceso de aprendizaje. El razonamiento detrás de la efectividad de los pictogramas y mapas conceptuales es que proporcionan una representación visual de los conceptos. Por lo tanto, ser capaz de presentar el contenido de manera visual siempre es una gran herramienta en comparación con la información basada únicamente en textos. Además, el uso de mapas conceptuales ayuda a los estudiantes en su asociación de conceptos e ideas. Por lo tanto, pueden conectar las relaciones entre los diversos contenidos que se les presentan.

El uso de mapas conceptuales y pictogramas proporciona a los educadores una herramienta de presentación efectiva que puede convertirse en una ayuda de estudio para futuras referencias. Esta es una consideración muy importante en la filosofía de aprendizaje acelerado, ya que las ayudas visuales son fundamentales para garantizar que el aprendizaje se haya logrado.

En cuanto a los aprendices individuales, producir sus propios mapas conceptuales, cuadros, pictogramas y diagramas puede llevarlos a impulsar sus propios caminos de aprendizaje. Si bien hay una gran cantidad de diagramas en cualquier número de temas disponibles en línea, ser capaz de identificarlos y estudiarlos de manera efectiva le ayudará a reducir la cantidad de texto que tendrá que leer.

Entonces, puede elegir leer y consultar textos extensos. Sin embargo, una, una buena ayuda visual puede reducir páginas tras páginas de texto. Lo ideal sería que pudiera hacer ambas cosas, aunque no siempre sea así.

Por lo tanto, si le presionan el tiempo, los pictogramas y los mapas conceptuales pueden ayudarle a avanzar rápidamente. En última instancia, aprender a usar ayudas visuales le dará otra opción en la que puede confiar durante sus esfuerzos de aprendizaje.

La Herramienta Número Cuatro
Hacer las Preguntas Correctas

Esta es una herramienta altamente analítica.

Hacer las preguntas correctas le dará las respuestas correctas. Al ser inquisitivo, puede asegurarse de que podrá maniobrar a través de las diversas facetas del contenido.

En general, cuestionar el contenido lleva a analizar la información que se presenta. En lugar de tomar todo en serio, los estudiantes que cuestionan la información presentada tienden a profundizar más en el tema. Si bien el objetivo no es dudar de la información, el objetivo es obtener más estudios e investigaciones.

Cuando se alienta a los estudiantes a profundizar en un tema determinado, descubrirán lo fácil que puede ser descubrir información nueva por sí mismos. El cuestionamiento fomenta la autonomía del estudiante, es decir, el aprendizaje independiente; el tipo en el que los estudiantes no necesitan depender de un educador.

Sin embargo, la técnica se puede utilizar en cualquier tipo de tema o campo de estudio. En el aula, plantear preguntas puede llevar a una discusión grupal productiva. En última instancia, dependerá de la discusión exigir un consenso o dejar el asunto abierto a la interpretación individual.

Cuando se pretende que el cuestionamiento se lleve a cabo como parte de un estudio individual, se debe alentar la reflexión para ayudar a los estudiantes a formular sus propias opiniones sobre el tema en cuestión. Además, también puede ayudar a los estudiantes a ver las cosas desde su propia perspectiva mientras consideran la perspectiva de los demás.

Además de esto, plantear preguntas en el aula ayuda al aprendizaje colaborativo. Por ejemplo, el uso de preguntas de orientación al asignar tareas en el aula puede ayudar a los estudiantes a realizar tareas que los lleven a un resultado deseado. Esta técnica puede tomar la forma de una búsqueda del tesoro en la que los estudiantes buscan información y luego la juntan para crear un resultado.

Como puede ver, ayudar a los estudiantes a plantear preguntas para realizar un análisis más profundo de la información cae perfectamente bajo el paraguas del aprendizaje acelerado. Ya que está buscando aprender la información correcta que necesita para producir un resultado deseado, saber qué preguntas hacer le dará la oportunidad de centrar su atención en lo que realmente importa. Entonces, en lugar de dejar que la atención se distraiga en otras áreas del conocimiento, los estudiantes podrán concentrarse en lo que necesitan saber.

Para los estudiantes individuales, comprender qué preguntas deben hacer los guiará por el camino correcto. Tener una idea clara de lo que necesita descubrir lo llevará a utilizar su curiosidad de manera productiva.

¿Cómo es eso?

Piénselo de esta manera.

Bajo un paradigma educativo tradicional, los estudiantes están condicionados a tomar la información que se les proporciona con su valor nominal y no cuestionar nada. Lo que esto hace limitar la cantidad de análisis e investigación que los estudiantes realizarán sobre un tema determinado. Esto lleva a los estudiantes a actuar en un papel pasivo. En consecuencia, cuando los estudiantes adoptan un rol pasivo, se encuentran confiando en una única fuente de información.

Bajo la filosofía de aprendizaje acelerado, se anima a los estudiantes a aprovechar cada fuente de información disponible para ellos. Dado el hecho de que hay una gran cantidad de fuentes disponibles en todos lados, los estudiantes ahora tienen una oportunidad increíble. Por lo tanto, fomentar la curiosidad de los estudiantes es una de las cosas más importantes que los educadores pueden inculcar en sus estudiantes.

En cuanto a los individuos, la tecnología moderna ha facilitado un proceso que generalmente demoraba muchas horas en una biblioteca. Hoy en día, la investigación minuciosa se puede reducir en cuestión de horas, o incluso minutos. La necesidad de revisar cientos de libros se ha reducido a los motores de búsqueda.

De hecho, las mentes inquisitivas pueden aprovechar al máximo la tecnología moderna. Realmente pueden aprovechar el poder de la Era de la Información sin tener que depender de un sabio que todo lo sabe, que puede proporcionarles toda la información que puedan necesitar. Después de todo, ¿cómo puede un ser humano compararse con la cantidad de información disponible en un motor de búsqueda moderno?

La Herramienta Número Cinco
Juegos de Aprendizaje

Este tiene que ser uno de los métodos favoritos de la mayoría de los estudiantes.

Bajo la filosofía de aprendizaje acelerado, la gamificación del aprendizaje permite reducir las inhibiciones y mejorar la concentración. Utilizar juegos tiene que ver con mejorar la experiencia del estudiante de tal manera que cualquier incertidumbre y ansiedad puedan reducirse de tal manera que los estudiantes no sientan la presión que conlleva tener que lidiar con temas complejos y desafiantes. De hecho, los juegos son una excelente manera de comunicarse con los estudiantes de manera implacable.

Sin embargo, hay un problema:

Los juegos son solo un medio para un fin. No deben ser vistos como el resultado final. A menos que su contenido conduzca a la creación de un juego, por ejemplo, en el caso de los programadores de computadoras que diseñan un videojuego, el uso de juegos en el proceso de aprendizaje debe considerarse como un medio para demostrar una oportunidad de aprendizaje.

Tenga en cuenta esta regla de oro: si un juego no tiene un propósito de aprendizaje, es decir, si no reproduce un resultado del mundo real, entonces puede que no sea la mejor opción. A menos que un juego de alguna manera mejore el proceso de aprendizaje, es mejor dejarlo fuera.

Sin embargo, algunos postulan que usar juegos a lo largo del proceso de aprendizaje es una excelente manera de reducir la ansiedad y aumentar la motivación. Si bien eso puede ser cierto en los casos en que los estudiantes se han enfrentado a circunstancias difíciles, los juegos excesivos pueden llevar a resultados contraproducentes.

Por lo tanto, el uso de juegos debe limitarse a aquellas ocasiones en las que el juego en sí proporciona prácticas que conducen a un resultado en el mundo real.

Considere los siguientes puntos:

1. El juego debe estar directamente relacionado con el tema. Cualquier cosa que se desvíe del contenido que se presenta no debe considerarse para su inclusión. También se pueden incluir juegos para reforzar actitudes o comportamientos relacionados con el tema.

2. También pueden usarse para mostrar a los estudiantes cómo acceder a la información, promover habilidades de pensamiento crítico o fomentar el aprendizaje colaborativo.

3. Deben evitarse los juegos que puedan parecer tontos. Esto puede hacer que ciertos individuos se sientan incómodos, especialmente cuando se trata de adultos.

4. La competencia entre estudiantes debe ser desalentada. Cualquier resultado de ganar o perder puede hacer que los estudiantes se sientan rechazados o inadecuados.

5. Los juegos deben representar un desafío, pero no hasta un punto en el que los estudiantes se sientan frustrados o molestos porque no pudieron producir el resultado deseado.

6. Al final del juego, debe darse tiempo para reflexionar y comprender lo que el juego pudo producir. Este tiempo debe permitir a los estudiantes realizar una autoevaluación de lo que pueden esperar para avanzar.

Quizás el consejo más importante para tener en cuenta es evitar los juegos excesivos. Al igual que cualquier otra actividad, los juegos deberían formar parte de una rotación regular. Deben ser utilizados para mantener las cosas frescas. Si la instrucción se convierte solo en juegos, los efectos positivos eventualmente desaparecerán. En el peor de los casos, los estudiantes se acostumbrarán tanto a los juegos que se mostrarán reticentes a participar en cualquier otro tipo de actividad.

En general, los juegos pueden ofrecer los siguientes beneficios:

- Los juegos pueden reducir las inhibiciones y romper la timidez natural de los estudiantes.
- Pueden reducir la presión en lo que de otro modo podría ser un ambiente más estresante.

- Los juegos fomentan el aprendizaje colaborativo y la participación activa de todos los miembros, especialmente los miembros tímidos o incluso no cooperativos.

- Mejoran el proceso de aprendizaje general, especialmente cuando se utilizan para replicar resultados de la vida real.

Aquí hay algunos ejemplos excelentes de juegos que se pueden usar para crear un ambiente de enseñanza positivo.

- Monopolio. Este es un gran juego que se puede usar especialmente con niños para enseñarles cómo funcionan los negocios y los bienes raíces. Para muchos niños, el monopolio es una de sus primeras interacciones con el dinero y cómo puede usarse en el mundo real.

- Ahorcado. Este es un gran juego de construcción de vocabulario. Es especialmente útil para ayudar a los niños a desarrollar habilidades de ortografía. En última instancia, incluso se puede utilizar para ayudar a los estudiantes de idiomas a practicar el vocabulario y la ortografía en un nuevo idioma que están aprendiendo.

- Scrabble. Este es otro juego de construcción de lenguaje. Scrabble es ideal para desarrollar habilidades de vocabulario en niños, adolescentes y adultos. También es un juego colaborativo. Y si bien es competitivo en términos de que hay ganador al final del juego, no es tan competitivo como otros juegos que existen.

- Juegos de cartas. Los juegos de cartas como Ocho Loco y ¡Pesca! son populares entre niños y adultos. Estos son juegos que pueden enseñar a los niños a reconocer números y patrones mientras también fomentan actitudes de respeto (gracias a que se toman turnos) y juego limpio.

- Juegos de preguntas. Los juegos en los que se responden preguntas de trivia pueden ser una excelente manera de hacer que los estudiantes se centren en la información que deben aprender. Por ejemplo, juegos como Trivial Pursuit y Jeopardy pueden ayudar a los estudiantes a concentrarse en áreas temáticas específicas. Las preguntas pueden ser agrupadas en temas. Además, la ventaja competitiva puede eliminarse del juego al alentar a los estudiantes a centrarse simplemente en obtener las respuestas correctas. A pesar de que los juegos de preguntas tienden a centrarse en la memorización, pueden ayudar a los estudiantes en la preparación de sus exámenes.

Como puede ver, los juegos pueden convertirse en una herramienta muy útil para promover la filosofía de aprendizaje acelerado en todos los niveles y edades. Pueden convertirse en una gran ayuda para el aprendizaje colaborativo, al mismo tiempo que ayudan a los estudiantes individuales. En tales casos, los juegos de computadora pueden ayudar a los estudiantes individuales a enfocarse en la información correcta que necesitan para internalizar. Por lo tanto, no tenga miedo de incorporar juegos a su régimen de aprendizaje. Solo asegúrese de que cada juego tenga una aplicación lógica.

La Herramienta Número Seis
Usando Imágenes para Mejorar el Aprendizaje

Las imágenes tienen que ser la herramienta de mejora de aprendizaje más importante que puede implementar bajo la filosofía de aprendizaje acelerado.

Las imágenes ayudan a incluir el sentido más importante en la ecuación, especialmente cuando tiene contenido que se presenta en otras formas. Por ejemplo, puede tomar música y traducirla a una forma visual a través del uso de letras. Cuando una persona puede ver y escuchar una canción, el proceso de aprendizaje comienza. Además, una historia que se cuenta oralmente puede cobrar vida cuando está acompañada de ayudas visuales.

Si bien estos ejemplos pueden parecer bastante obvios, tienden a pasar por alto el proceso de aprendizaje. Particularmente a nivel universitario, los profesores tienden a convertirse en cabezas parlantes. En realidad, no se toman el tiempo para considerar otros sentidos que también pueden involucrarse en el proceso de aprendizaje. En consecuencia, los aprendices se perjudican al ignorar todas las formas en que se pueden aprovechar sus propios estilos de aprendizaje.

Uno de los medios más importantes de imágenes es el poder de visualización. Anteriormente, destacamos cómo los estudiantes pueden usar la visualización para verse a sí mismos realizando una tarea determinada. Dado que la mente es quizás la herramienta más poderosa disponible para los humanos, usar la mente para mejorar el proceso de aprendizaje es esencial. A través de la visualización, los estudiantes pueden dar un nombre y una cara al contenido que están aprendiendo.

De la misma manera, las imágenes se pueden utilizar para promover un ambiente de aprendizaje positivo. Los estudiantes pueden asociar cierto contenido a colores, paisajes o incluso imágenes abstractas. Por ejemplo, un profesor de historia puede usar imágenes de los lugares reales que se describen a lo largo de la lección. Entonces, si la lección es sobre el Imperio Romano, se pueden usar imágenes de la vida real para dar a los estudiantes una visión real de lo que se describe. De lo contrario, las palabras en una página no resuenan tan bien, en especial cuando los estudiantes realmente no saben mucho sobre lo que se presenta.

Otra herramienta útil es el lenguaje corporal. Cuando los estudiantes pueden asociar gestos y movimientos con el tema, pueden aprovechar al máximo la información que se presenta. Esto puede estar relacionado con la forma en que se presenta la información, o la entrega del educador.

Además, los gestos y las expresiones faciales pueden realmente facilitar la comprensión de la información. Por ejemplo, la capacitación en ventas se enfoca en gran medida en el uso del lenguaje corporal y las expresiones faciales para crear una atmósfera positiva entre un vendedor y un cliente. Por lo tanto, estas señales visuales pueden ser explotadas por estudiantes y educadores por igual.

La Herramienta Número Siete
Estar en el Campo

La mayor parte del aprendizaje usualmente se lleva a cabo en interiores, especialmente en la escuela.

La mayoría de las veces, los estudiantes tienden a estar encerrados en un aula. Independientemente del nivel educativo en el que se encuentren los estudiantes, normalmente no tienen la oportunidad de interactuar a la luz del sol mientras reciben aire fresco.

Un ejemplo simple de esto se puede ver durante los períodos de lectura en silencio. En un contexto de aula tradicional, se les pide a los estudiantes que se sienten en sus escritorios y lean X en una cantidad de tiempo. Eso es todo.

En un contexto de aprendizaje acelerado, se alentará a los estudiantes a sentarse afuera y leer bajo la luz solar natural. La interacción del cerebro con la luz solar natural ayuda al cerebro a procesar la información de una manera mucho más natural. Además, la reacción química que se produce por esta interacción es altamente beneficiosa.

Como aprendiz individual, cada vez que pueda sentarse afuera, incluso si está con su computadora portátil o tableta, ayudará a su cerebro a obtener oxígeno y luz solar adicionales. Naturalmente, esto le ayudará a mejorar la capacidad de su cerebro para procesar la información.

La Herramienta Número Ocho
Aromas

Sí, incluso los aromas desempeñan un papel importante en la creación de un ambiente de aprendizaje positivo. Después de todo, ¿sería capaz de concentrarse en una conferencia si hay un hedor fétido en la sala?

Esta es la razón por la que el uso de aromas agradables puede desencadenar emociones positivas en los estudiantes. En algunos contextos, los aromas agradables, como el incienso, se utilizan para ayudar a los estudiantes a concentrarse. Además, se ha sabido que las velas aromáticas promueven una mayor concentración.

Por lo tanto, el uso de aromas puede tener un impacto positivo en cualquier tipo de contexto de aprendizaje. Tómese el tiempo para descubrir qué aromas son los más atractivos para usted y sus estudiantes, de modo que puedan utilizarse para desencadenar sentimientos positivos y reducir la ansiedad durante todo el proceso de aprendizaje.

Las herramientas que se describen en este capítulo le brindarán a usted y a sus estudiantes la oportunidad de aprovechar los beneficios que se pueden derivar de la filosofía del aprendizaje acelerado. Tomarse el tiempo para ver qué herramientas funcionan mejor le ayudará enormemente a mejorar el proceso de aprendizaje de tal manera que se reduzca el estrés y se genere un entorno positivo durante todo el proceso.

Capítulo 5: El Uso de la Tecnología en el Aprendizaje Acelerado

En este capítulo, veremos cómo se puede incorporar la tecnología en el aprendizaje acelerado. Además, vamos a analizar más de cerca cómo se puede utilizar la tecnología para aumentar la experiencia de aprendizaje.

Por todos los beneficios que la tecnología ha proporcionado a la sociedad moderna, su uso en el aprendizaje tiende a pasarse por alto. En parte, esto se debe a la resistencia del paradigma educativo tradicional. Hay algunas personas que todavía creen que la memorización y la enseñanza al estilo de una conferencia son todavía la mejor manera de ayudar a los estudiantes a adquirir conocimiento.

Además, hay una falta de comprensión con respecto a las formas en que la tecnología puede aumentar la experiencia de aprendizaje. Esta falta de comprensión hace que la educación y la capacitación en general se atrasen en los avances tecnológicos.

Sin lugar a duda, la tecnología puede ofrecer a los estudiantes oportunidades sin precedentes. En el pasado, los estudiantes no solo confiaban en la disponibilidad de materiales impresos, sino también en la disposición de los profesores e instructores para compartir su experiencia con los estudiantes. Y mientras que el toque humano es tan importante como siempre, el hecho es que los estudiantes ya no dependen de estar en la misma ubicación física que aquellos que tienen el conocimiento y la experiencia.

Así, la tecnología ha permitido la socialización del conocimiento. Más que nunca, la información es gratuita y accesible a través de una variedad de medios. En algunos casos, el conocimiento y la información son totalmente gratuitos. En otros casos, hay una tarifa adjunta a las plataformas y medios por la cual se entrega el contenido. Por lo tanto, las tarifas se adjuntan a los medios por los cuales se entrega el contenido y no por el contenido en sí.

Al tener una comprensión clara de cómo se puede usar la tecnología para mejorar el proceso de aprendizaje, tanto los educandos individuales como los educadores pueden crear un entorno positivo que sea propicio para el aprendizaje. Es por ello que analizaremos los elementos que pueden mejorar la experiencia de aprendizaje, pero también algunas estrategias que pueden ayudarle a hacer el mejor uso posible de la tecnología en el proceso de aprendizaje.

Las Limitaciones de la Tecnología

El papel de la tecnología en la sociedad moderna es innegable. La automatización ha tomado gran parte de nuestras vidas. Desde las computadoras a los televisores, a los teléfonos inteligentes, la tecnología ha simplificado muchos aspectos de nuestras vidas al tiempo que agrega un cierto grado de complicación.

Además, la creciente confianza que depositamos en la tecnología ha hecho que sea difícil vivir sin ella. Por lo tanto, el papel prominente que desempeña la automatización en la vida cotidiana hace que parezca que realmente estamos viviendo en el futuro.

Sin embargo, la tecnología no viene sin sus limitaciones. Hay una serie de cosas que la tecnología moderna todavía no puede hacer. Lo mismo ocurre con la tecnología aplicada a la educación. Hay limitaciones que la tecnología actual todavía no puede abordar. Estas limitaciones pueden ser superadas algún día. Sin embargo, estas limitaciones son condiciones con las que deben lidiar tanto los educadores como los estudiantes.

Las siguientes son las principales limitaciones que la tecnología tiende a exhibir en el ámbito de la educación.

La Tecnología Puede Causar Aislamiento

A pesar de todas las maravillas que la tecnología ha hecho para acercar al mundo, también ha hecho un gran trabajo aislando a las personas. Los clichés que rodean a algunas personas que se retiran completamente de la sociedad debido a su obsesión con la tecnología son muy reales.

Además, las redes sociales han permitido a la persona promedio tener miles de "amigos", aunque en realidad pueden tener contacto físico con un puñado de ellos.

Esas escenas de personas sentadas alrededor de una mesa de restaurante pegadas a sus teléfonos son comunes.

Es por esto que la tecnología puede crear aislamiento cuando deja que se haga cargo de su vida. Si permite que controle su atención, ciertamente le mantendrá alejado de las cosas que realmente importan en la vida, como la interacción social.

Cuando la tecnología se utiliza para promover la interacción social, puede convertirse en un multiplicador de fuerza. Puede aumentar las oportunidades de aprendizaje al reunir a personas de todos los rincones del mundo. Cuando ocurre la interacción social, el aprendizaje recibe un impulso inmediato. Pero cuando la tecnología lleva a los individuos a aislarse de los demás a su alrededor, el aprendizaje se ve obstaculizado. Por lo tanto, hacer uso positivo de la tecnología se convierte en primordial.

La Tecnología Puede Conducir a la Inactividad Física

La tecnología puede facilitar muchas de las tareas que realizamos a diario. Sin embargo, también puede conducir a la inactividad física. Dado que la tecnología nos ahorra tiempo y esfuerzo en algunas de las tareas más rudimentarias, existe la tentación de sentarnos y disfrutar de las comodidades que ofrece la tecnología moderna.

Por ejemplo, el encendido y apagado de las luces ahora se puede controlar desde un teléfono inteligente o tableta. Esto evita la tensión de tener que levantarse para encender o apagar el interruptor de la luz. Claro, esto puede ser perfectamente conveniente cuando esté disfrutando de su programa de televisión o evento deportivo favorito y no quiera perderse ni un minuto. Sin embargo, con el tiempo, estas "conveniencias" comienzan a sumarse.

Otro gran ejemplo de cómo la tecnología ha limitado la actividad física se puede ver en la accesibilidad del transporte. Hace algunos años, era común caminar o andar en bicicleta a cierto lugar. Hoy en día, es muy común conducir incluso por unas pocas cuadras. Esto lo hace conveniente en el sentido de que no tiene que cargar bolsas pesadas cuando regresa de la tienda de comestibles. Sin embargo, alienta a una cultura de pasividad física. Por lo tanto, los efectos perjudiciales para la salud que la conducción en cualquier lugar puede tener en las personas es asombroso.

Entonces, el antídoto a esta actitud es situar la tecnología donde pertenece. La tecnología debe verse como una herramienta para hacer que las tareas complejas sean más manejables, reducir el tiempo total que lleva realizar muchas tareas y aumentar los talentos humanos. Pero cuando deja que la automatización funcione en todos los aspectos de su vida, pronto se encontrará sentado en el sofá mucho más tiempo de lo que había previsto. Por lo tanto, es importante asegurarse de que no permita que la tecnología ejecute su vida, sino de asegurarse de que está a cargo del papel que la tecnología desempeña en su vida.

La Tecnología No Siempre Satisface Todos los Estilos de Aprendizaje

La tecnología tiende a favorecer a los aprendices visuales sobre otros tipos de aprendices. En particular, los teléfonos, las computadoras y las tabletas tienden a presentar el contenido de una manera muy visual. Por supuesto, tener ayudas visuales sólidas es crucial para promover un aprendizaje efectivo. De hecho, hemos analizado la importancia y la utilidad que las imágenes desempeñan dentro de la filosofía de aprendizaje acelerado.

Sin embargo, cuando la tecnología hace caso omiso de otros estilos de aprendizaje, entonces hace un mayor daño a los estudiantes. Cuando se usa correctamente, la tecnología puede ayudar a los estudiantes a aumentar su experiencia a través de la estimulación auditiva. Más allá de eso, los estilos de aprendizaje kinestésico y social, por ejemplo, pueden no abordarse por completo.

Esta situación particular subraya las limitaciones actuales que exhibe la tecnología en el dominio del aprendizaje. Entonces, el antídoto para esta limitación es usar la tecnología en conjunto con otros tipos de estrategias de aprendizaje. Por ejemplo, se puede alentar a los estudiantes a levantarse y moverse de vez en cuando. El contenido presentado a través de medios multimedia y digitales puede pedir a los estudiantes que se muevan a través de ejercicios interactivos.

Lo más importante para tener en cuenta es que la tecnología debe abordar los diversos estilos de aprendizaje que hemos llegado a conocer. La idea es que la tecnología sea inclusiva. Si bien puede llegar un día en que la tecnología permita un mayor grado de interacción, lo cierto es que se debe alentar a los estudiantes a que se alejen del rol pasivo que la tecnología los lleva a asumir.

La Tecnología Tiende a Basarse Mas en los Medios que en la Experiencia

Cuando se lleva a cabo el aprendizaje en persona, la experiencia de aprendizaje tiende a ser mucho más experimental. Por supuesto, el aprendizaje basado en la experiencia ocurre cuando los educadores y los estudiantes adoptan un enfoque más práctico en lugar de un enfoque teórico. Esto es especialmente cierto en las áreas temáticas en las que los estudiantes experimentan el contenido a través de la acción directa.

Por el contrario, la tecnología tiende a proporcionar a los estudiantes una simulación de lo que pueden esperar en el mundo real. Dado que la tecnología es una representación del contenido y la experiencia del mundo real, los estudiantes pueden no apreciar completamente el contenido que están aprendiendo de manera directa. Esto los lleva a separarse del tema que buscan aprender. En consecuencia, puede haber brechas en la experiencia de aprendizaje en general.

Este es un problema que puede ser virtualmente imposible de superar. Después de todo, ¿cómo puede brindarles a los estudiantes una experiencia directa en el tema si no hay manera de que usted los apoye directamente?

El hecho es que la tecnología actual generalmente ofrece orientación en la ejecución de tareas de la vida real. Piense en un tutorial de cocina. Si bien es posible que no esté allí para apoyar personalmente a los estudiantes, sus tutoriales se pueden realizar de tal manera que esté brindando una guía paso a paso. Si bien esto nunca puede reemplazar la presencia de una guía confiable, es la mejor opción.

Vale la pena señalar que los tutoriales en formato de video son una excelente manera de brindar acceso masivo al conocimiento y la información que pueden haber sido accesibles solo a unos pocos elegidos. Naturalmente, vale la pena considerar la efectividad del contenido de producción masiva que puede ser accesible a personas de todo el mundo.

A pesar de las limitaciones que hemos descrito en este capítulo, la tecnología ha venido a proporcionar un complemento maravilloso a las estrategias que se utilizan durante el aprendizaje en persona. De hecho, la efectividad de la tecnología se ha vuelto tan predominante que las actitudes hacia la tecnología en la educación han cambiado dramáticamente. Es por eso por lo que el aumento del aprendizaje acelerado se ha debido, en parte, a la prevalencia de la tecnología en la sociedad en general.

Entonces, este cambio de actitud se puede reflejar de la siguiente manera:

Actitud antigua	Actitud Nueva
El aprendizaje es principalmente una actividad pasiva.	El aprendizaje es esencialmente la creación de significado, comprensión y construcción del conocimiento por parte del aprendiz.
El aprendizaje es un esfuerzo individual.	El aprendizaje se incrementa en un entorno social en el que un entorno propicio para el aprendizaje brinda mayores oportunidades para desarrollar el conocimiento.
El conocimiento se adquiere principalmente a través de medios basados en texto.	La adquisición de conocimiento implica un enfoque holístico en el que el estudiante integra la mente y el cuerpo a lo largo del proceso de aprendizaje.
La estandarización del proceso de aprendizaje ahorra tiempo y recursos.	Las soluciones estándares perjudican las necesidades individuales de cada estudiante al ignorar sus

	estilos de aprendizaje personales.
El mejor medio para evaluar el aprendizaje es a través de la recolección inmediata de información.	El mejor medio para evaluar el aprendizaje es a través del desempeño en contextos y situaciones de la vida real.
La entrega de información y contenido debe hacerse de manera controlada.	La estructura excesiva puede dificultar el proceso de aprendizaje. Se debe permitir cierto grado de libertad para fomentar la creatividad.
El aprendizaje debe tomarse en serio.	Un ambiente divertido y agradable aumenta la experiencia de aprendizaje de tal manera que el estrés y la ansiedad de los estudiantes pueden reducirse casi por completo.

La tabla anterior subraya cómo el aprendizaje acelerado, a través de la incorporación de la tecnología, ha sido capaz de cambiar las actitudes de un paradigma educativo tradicional a un enfoque más abierto y holístico. Si bien es cierto que todavía hay resistencia por parte de algunas personas, el hecho es que el aprendizaje acelerado se ha afianzado gracias al uso de la tecnología.

En consecuencia, tanto los educadores como los estudiantes pueden beneficiarse enormemente de este cambio de actitud. Al abarcar el uso de la tecnología dentro de la filosofía de aprendizaje acelerado, el proceso de aprendizaje puede mejorarse enormemente para adaptarse a todos los tipos de estilos de aprendizaje y satisfacer las necesidades de los estudiantes individuales.

Por último, no se puede ignorar la importancia de la tecnología en la medida en que desempeña un papel en nuestra vida cotidiana. Entonces, en lugar de tratar de resistir el papel que la tecnología tiene que desempeñar en nuestras vidas, podemos hacer nuestro mejor esfuerzo para adoptarla dentro del ámbito del aprendizaje acelerado.

Usando la Tecnología Eficientemente

Entonces, la pregunta surge: ¿cómo puede usarse la tecnología de manera efectiva?

La respuesta a esta pregunta tiene varias dimensiones.

Lo primero es utilizar la tecnología de **manera colaborativa**. Por ejemplo, puede considerar el uso de una función de chat para facilitar la comunicación entre los miembros de un grupo. Esto puede ser especialmente útil en el lugar de trabajo, especialmente cuando los colegas no siempre están sentados uno junto al otro.

Además, cuando la tecnología se utiliza en colaboración, puede reducir drásticamente la cantidad de tiempo y recursos necesarios para alcanzar el resultado deseado. Por ejemplo, un proyecto grande se puede dividir en tareas individuales que luego se asignan a cada miembro del grupo. Luego, cada individuo puede trabajar en un documento compartido localizado en la nube. Esto elimina la necesidad de estar físicamente presente en el mismo lugar. Además, reduce la cantidad de tiempo necesario ya que cada individuo simplemente agrega su parte al documento general.

Luego, la tecnología debe ser utilizada para la **exploración**. Uno de los mejores usos de la tecnología es para la exploración. Cuando a los estudiantes se les da cierta libertad para explorar el contenido y la información que tienen a su disposición, naturalmente gravitarán hacia el contenido que les resulte más atractivo. Esto permite oportunidades para lograr un aprendizaje significativo. Por supuesto, este proceso no debería ocurrir al azar. Por lo tanto, debe haber alguna estructura que guíe el libre acceso a la información. Si se hace correctamente, los estudiantes pueden elegir la gran cantidad de información disponible para ellos.

Otra de las formas en que se puede usar la tecnología de manera efectiva es dar **opciones** a los estudiantes. La tecnología no debe utilizarse como el único medio de entrega de contenido. A menos que la información esté destinada a ser entregada únicamente a través de medios digitales, como a través de un curso en línea, la tecnología debe considerarse un complemento del aprendizaje en persona.

Por lo tanto, la tecnología nunca debe ser vista como un reemplazo para un instructor humano o de la interacción humana. Debe tomarse por lo que es: una herramienta para mejorar la experiencia de aprendizaje. Cuando se utiliza junto con la interacción humana tradicional, la tecnología puede desempeñar un papel importante en la mejora de los resultados de aprendizaje generales.

El uso de la tecnología también debe centrarse en la realización de **tareas** específicas. La principal fuerza impulsora detrás del aprendizaje es llevar a cabo una tarea de la vida real. Por ejemplo, las personas que aprenden un idioma estarían ansiosas por aprender cómo hacer una orden en un restaurante. Esta es una tarea de la vida real que tiene como objetivo proporcionar al estudiante las herramientas que puede utilizar en el mundo real. En consecuencia, la tecnología siempre debe centrarse en proporcionar a los usuarios experiencias del mundo real tanto como sea posible. De esta manera, los resultados deseados se pueden lograr de una manera efectiva.

La tecnología también puede verse como un medio para **resolver problemas**. Dado que Internet ha permitido un acceso sin precedentes a la información, los estudiantes pueden sentirse tentados a simplemente acceder a la información sin obtener una comprensión más profunda de lo que esa información representa. Por lo tanto, la información que está disponible en línea no debe ser tratada como un repositorio. Más bien, debe tratarse como una herramienta para resolver problemas.

Al hacerlo, los estudiantes pueden descubrir las fuentes correctas de información cuando necesitan encontrar una solución a un problema que pueda estar afectándolos. Además, plantear preguntas sobre el contenido que se está aprendiendo puede llevar a los estudiantes a un camino de aprendizaje y descubrimiento más profundo. Dado el acceso a las fuentes de información, los estudiantes pueden descubrir información que les ayudará a encontrar sus propias soluciones a las preguntas que se les presentan.

Una de las aplicaciones más importantes de la tecnología pertenece a la **creatividad**. Hay una gran cantidad de aplicaciones para la tecnología en un contexto creativo. Por ejemplo, la tecnología puede usarse para producir contenido maravilloso que sea visualmente agradable.

Además, la tecnología ha permitido al usuario promedio producir contenido de alta calidad. Esto ha permitido que la información fluya de una manera mucho más atractiva. En consecuencia, el aprendizaje puede tener lugar en circunstancias mucho más significativas en comparación con el pasado.

Después de considerar los factores previos que llevan al uso efectivo de la tecnología, es importante señalar que el factor más importante para el éxito de la tecnología es el **factor humano**. Si cree que la tecnología reemplazará de alguna manera a la interacción humana, entonces está ignorando lo importante que tiene la interacción humana en todo el proceso de aprendizaje.

Incluso si los materiales de aprendizaje se entregan únicamente a través de un formato digital, todavía hay interacción humana que tiene lugar en algún nivel. Por ejemplo, una persona con experiencia decide crear un video de capacitación sobre cómo construir una tabla.

Entonces, a pesar de que la entrega del tutorial es digital, hay una guía humana sobre cómo construir una tabla. Por eso la interacción humana no puede ser reemplazada por la tecnología. A menos que los robots puedan algún día instruir a los humanos sobre cómo hacer una cosa u otra, es seguro decir que la interacción humana continuará siendo el factor más importante en el proceso de aprendizaje.

Por lo tanto, es importante colocar la interacción humana a la vanguardia del uso tecnológico. Sin esta, el proceso de aprendizaje se vuelve demasiado impersonal. Definitivamente es mucho mejor ver a una persona real entregar contenido en lugar de interactuar con una máquina.

Bajo la filosofía de aprendizaje acelerado, la tecnología desempeña un papel vital para ayudar a reducir el tiempo que le toma al estudiante la internalización de nuevos materiales. El tiempo puede reducirse debido a la velocidad con la que se puede entregar el contenido. Además, los estudiantes pueden reproducir el contenido una y otra vez. Por lo tanto, una clase magistral puede verse varias veces. Esto es algo que es imposible de hacer sin el uso de la tecnología.

La tecnología ha transformado nuestras vidas y la forma en que aprendemos hoy. Entonces, no se aleje de la tecnología. Más bien, trate de aceptar su uso para lograr sus objetivos finales.

Aprendizaje Acelerado y el Internet

Con el auge de Internet, muchas de las tareas educativas tradicionales llevadas a cabo en bibliotecas y escuelas no solo podían ser reemplazadas por computadoras, sino que también podían completarse en una fracción del tiempo. De hecho, la facilidad de acceso a la información proporcionada por el Internet ha hecho que sea mucho más fácil para los estudiantes encontrar la información que necesitan.

Sin embargo, el Internet ha proporcionado acceso a la información, pero no necesariamente ha mejorado la capacidad de los estudiantes para convertirse en mejores aprendices o desarrollar otras habilidades tales como pensamiento crítico, análisis o creatividad. Esta es una tarea que todavía es mejor dejar en manos de los educadores y estudiantes.

No hay duda de que el mundo no puede volver a una vida sin computadoras o internet. Por eso es de suma importancia que los estudiantes aprendan a usar la tecnología para su propio beneficio. Sin embargo, debe haber un consenso sobre lo que todos esperamos obtener de la tecnología en la educación.

Entonces, el aprendizaje acelerado abarca el uso de la tecnología, pero dentro de ciertos parámetros. Estos parámetros están orientados a brindar a los estudiantes la oportunidad de desarrollar sus habilidades de tal manera que puedan aprovechar al máximo las oportunidades de aprendizaje que la tecnología puede ofrecerles diariamente.

Por eso es importante tener en cuenta los siguientes aspectos al implementar la tecnología dentro de un contexto de aprendizaje acelerado.

Pérdida de Tiempo

Esta es una de las advertencias más importantes para tener en cuenta. Cuando la tecnología se utiliza como un medio para pasar el tiempo, se pierde el propósito principal de la tecnología. Bajo una filosofía de aprendizaje acelerado, la tecnología debe utilizarse como complemento de las diversas tareas y actividades que se llevan a cabo como parte del proceso de aprendizaje.

Cuando los educadores, o incluso los propios estudiantes, usan la tecnología como un medio para pasar el tiempo, se pierden oportunidades de aprendizaje importantes. Por supuesto, vale la pena mencionar que la cantidad de alternativas disponibles hoy en día es asombrosa. Hay millones y millones de sitios web a los que se puede acceder en cualquier momento. Esto puede hacer que sea difícil distinguir los buenos de los no tan buenos.

Sin embargo, es importante tener claro qué propósito se pretende con la implementación de la tecnología. Cuando el propósito es claro, es mucho más fácil distinguir los recursos útiles de los irrelevantes. Si bien los recursos "irrelevantes" de ninguna manera indican que son inadecuados, solo significa que no son adecuados para sus propósitos específicos. En consecuencia, es necesario tener una comprensión clara de los objetivos que persigue.

Falta de Recursos
Esta es otra advertencia que tiende a causar problemas a los educadores.

Al considerar la accesibilidad de la tecnología en el mundo actual, la mayor limitación que enfrentan las instituciones y las personas es la falta de recursos para adquirir tecnología. Naturalmente, a las escuelas les encantaría equipar sus aulas con la última tecnología. Además, a las personas les encantaría tener los últimos dispositivos que pueden ayudarles a mejorar sus habilidades de aprendizaje.

Sin embargo, no poder acceder a las últimas tecnologías o no tener un presupuesto ilimitado no debe considerarse un inconveniente. De hecho, es necesario que haya un punto de partida desde el cual se pueda utilizar la tecnología para aumentar el proceso de aprendizaje.

Tenga en cuenta que, si bien el aprendizaje acelerado abarca la tecnología, no depende de ella. Lo que esto significa es que hay muchas opciones de baja tecnología que pueden utilizarse y que han demostrado ser eficaces y confiables.

Por lo tanto, es importante tomarse el tiempo y repasar la gran cantidad de actividades y alternativas que el aprendizaje acelerado ofrece a los estudiantes. A menudo, basta con crear el entorno de aprendizaje adecuado para convertir la experiencia de aprendizaje en un gran impulso. Por lo tanto, si le preocupa no tener los medios para acceder a las últimas tendencias tecnológicas, no se preocupe. Cualquiera que sea la tecnología que pueda implementar, siempre que se use de manera efectiva, contribuirá en gran medida a mejorar la experiencia de los estudiantes.

Sustituyendo las Actividades Tradicionales en Formatos Digitales

Hay algunos educadores y estudiantes que creen que ciertas actividades tradicionales deberían ser reemplazadas por medios digitales.

Esto es muy común cuando se enseña matemáticas.

Por ejemplo, el uso de computadoras y calculadoras tiende a eclipsar el uso de los medios tradicionales para realizar cálculos y operaciones matemáticas. Si bien el uso de la tecnología reduce la cantidad de tiempo necesario para realizar una operación matemática, también es cierto que alejarse de las actividades tradicionales perjudica a los estudiantes.

Un ejemplo es la aritmética. Las operaciones aritméticas básicas se convierten en un desafío para los estudiantes, ya que se basan en el uso de calculadoras para sumar cifras. Por supuesto, una larga lista de datos puede tardar mucho tiempo en procesarse a mano. Sin embargo, es necesario que los estudiantes adquieran una comprensión firme de la aritmética para desarrollar los procesos lógicos que son esenciales en la vida cotidiana.

Por lo tanto, la tecnología debe ser un complemento para las actividades de los estudiantes de tal manera que no se vuelvan dependientes de ella. Más bien, los estudiantes necesitan ver de qué manera la tecnología puede ayudarlos a hacer sus vidas más fáciles y, potencialmente, llevarlos a descubrir nuevas formas de hacer las cosas. Quizás incluso pueda llevarlos a hacer cosas que antes se creían imposibles de hacer.

A pesar de las advertencias anteriores, la tecnología es una herramienta increíble. Su uso no puede ser descartado en el aprendizaje moderno. Cualquiera que intente eludir el uso de la tecnología se está haciendo un daño. En consecuencia, es necesario identificar el papel que la tecnología puede desempeñar a lo largo del proceso de aprendizaje.

Este rol es relativo al tema, ya que algunas áreas temáticas dependen mucho más de la tecnología que otras. Por ejemplo, la ciencia de la computación no existe sin tecnología. Sin embargo, hay procesos mentales e intelectuales que pueden aprenderse sin el uso de computadoras. Por lo tanto, es importante alentar a los estudiantes a ser menos dependientes de la tecnología y más dependientes de sus propias capacidades intelectuales.

Bajo la filosofía de aprendizaje acelerado, la pieza más importante del hardware tecnológico es la mente humana. Cuando la mente humana es aguda y alcanza su máximo rendimiento, puede superar a cualquier equipo. Incluso la supercomputadora más sofisticada se siente lenta en comparación con las capacidades de la mente humana.

Por lo tanto, tomarse el tiempo para ayudar a los estudiantes a desarrollar sus propias habilidades es esencial para reducir el tiempo necesario para asimilar el contenido nuevo y, al mismo tiempo, ser mucho más eficiente durante la etapa de la aplicación.

Al final del día, la tecnología es solo otra herramienta, como un martillo, que los humanos pueden usar para alcanzar sus metas y objetivos.

Capítulo 6: El Uso del Diseño Instructivo Rápido

En este capítulo, vamos a cubrir el Diseño Instructivo Rápido y cómo es uno de los elementos centrales que conforman la filosofía de aprendizaje acelerado. Este tipo de diseño curricular representa un cambio fundamental sobre el diseño instruccional tradicional en la medida en que permite a los educadores y estudiantes reducir la cantidad de tiempo y recursos necesarios para dominar una habilidad determinada.

Anteriormente, destacamos cómo el aprendizaje acelerado puede ayudar a los estudiantes a reducir el tiempo que los llevaría "aprender" algo. Por ejemplo, una habilidad que normalmente tomaría meses en dominar puede reducirse a unas pocas semanas.

Esto plantea un punto de vista revolucionario, ya que la posibilidad de reducir el tiempo que lleva completar los programas de aprendizaje es realmente atractiva. Después de todo, ¿no sería estupendo si pudiera completar una licenciatura en la mitad del tiempo sin sacrificar ninguno de los contenidos cubiertos?

De hecho, esta es una posibilidad atractiva. Sin embargo, no es tan sencillo. Todavía hay resistencia por parte del sector educativo que tarda en aceptar tales cambios. Además, la adopción del Diseño Instructivo Rápido requiere que los educadores se alejen de lo que tradicionalmente se considera efectivo e intenten realizar cambios significativos.

Sin embargo, los educadores tienden a ser cautelosos a la hora de realizar cambios significativos, ya que la comunidad educativa en general puede ser escéptica sobre su efectividad. De hecho, muchos de estos cambios requieren mucho tiempo para que sean realmente efectivos. Naturalmente, es difícil vender algo que no tenga resultados garantizados.

Considere esta situación.

Una junta escolar decide implementar la filosofía de aprendizaje acelerado en un grupo de preescolares. Por supuesto, los resultados se verían casi de inmediato. Sin embargo, sería difícil medir la verdadera efectividad del aprendizaje acelerado en estos niños hasta que concluyan la escuela primaria. Para entonces, habría una muestra lo suficientemente grande para compararlos con otros niños que han estado bajo un modelo tradicional.

Una prueba como esta requeriría que los estudiantes pasen cerca de diez años en la escuela bajo la filosofía de aprendizaje acelerado antes de que la efectividad del aprendizaje acelerado pueda realmente ser vista. Entonces, ¿qué tan pacientes serían los padres? ¿Cuánta tolerancia tendría la comunidad educativa? ¿Qué pasa con el riesgo de que el programa tenga un desempeño inferior después de diez años? ¿Es ese un riesgo que la junta escolar estaría dispuesta a asumir?

Cuando realmente lo piensa, estas son preguntas difíciles de responder. Requieren un compromiso inquebrantable de los educadores. Naturalmente, esto es algo en lo que los educadores pueden no estar dispuestos a apostar sus carreras. En consecuencia, este ejemplo presenta una explicación clara de por qué los cambios suceden tan lentamente en la educación formal.

Por lo tanto, el aprendizaje acelerado ha encontrado un nicho en el entorno de capacitación corporativa. La razón de esto es que las corporaciones siempre buscan reducir el tiempo que toma capacitar al personal y desarrollar nuevas competencias. Por lo tanto, si existe un enfoque que pueda hacer esto, entonces valdría la pena analizarlo.

Por lo tanto, echemos un vistazo más de cerca al Diseño Instructivo Rápido y lo que puede hacer con la filosofía de aprendizaje acelerado.

¿Qué es el Diseño Instructivo Rápido?

El Diseño Instructivo Rápido es un modelo que está enraizado en el aprendizaje acelerado. Se basa en la premisa de que las personas aprenden mucho más a través de la experiencia y la práctica con comentarios adecuados que a través de recibir presentaciones y leer materiales de capacitación.

Por lo tanto, el Diseño Instructivo Rápido apunta a reemplazar los cursos tradicionales basados en libros de texto y medios de comunicación con un enfoque basado en tareas en las que se les pide a los estudiantes que tomen la iniciativa en su propio proceso de aprendizaje. Esto conduce a un enfoque de colaboración en el que los estudiantes pueden aprender unos de otros en lugar de aprender de un profesor.

El rol del maestro o educador es convertirse en una guía a lo largo del proceso de aprendizaje. La guía está allí para corregir cualquier problema potencial o ayudar en áreas que pueden no estar totalmente asimiladas. Además, el rol del educador es brindar a los estudiantes la oportunidad de ver cómo las demostraciones reciben empujones en la dirección correcta.

En consecuencia, todas las actividades están centradas en el estudiante. Esto pone el énfasis en entender lo que los estudiantes realmente necesitan saber y no lo que deberían saber. Por supuesto, esto plantea un desafío para los diseñadores de planes de estudio, ya que no siempre es fácil determinar qué necesitan realmente los estudiantes frente a lo que se cree que deben aprender.

Este es uno de los principales inconvenientes dentro de los paradigmas educativos tradicionales. Sin embargo, los propios estudiantes pueden proporcionar una amplia retroalimentación sobre lo que necesitan saber.

Considere esta situación.

El lugar de trabajo exige constantemente conjuntos de habilidades en varios campos. Por lo tanto, las instituciones educativas y las organizaciones de capacitación necesitan adaptar sus programas para satisfacer las necesidades del lugar de trabajo. Por lo tanto, no pueden ignorar las necesidades de los trabajadores que saldrán y competirán por los empleos. Si las instituciones educativas no abordan estas áreas, están perjudicando a sus estudiantes.

Esta es la razón por la cual la carga en las tareas del mundo real es tan predominante dentro de la filosofía de aprendizaje acelerado y el Diseño Instructivo Rápido. Este enfoque tiene como objetivo eliminar lo que no sirve de los programas de capacitación para concentrarse y el contenido y el material que es esencial para el desarrollo del conjunto de habilidades de los estudiantes. En última instancia, el Diseño Instructivo Rápido considera las realidades del lugar de trabajo y la vida cotidiana.

El Diseño Instructivo Rápido se basa en 7 principios que guían la manera en que se puede aplicar a los programas de capacitación. En consecuencia, es necesario comprender estos principios para aprovechar al máximo la filosofía de aprendizaje acelerado implementada a través del Diseño Instructivo Rápido. Más importante aún, estos principios serán la guía de referencia durante todo el proceso de planificación y diseño. Esto no solo elimina las conjeturas de los planes y actividades que se llevarán a cabo, sino que también ayuda a los estudiantes a determinar el camino que tomará su aprendizaje.

Primer Principio
El Proceso de Aprendizaje de Cuatro Etapas

Anteriormente, discutimos cómo se lleva a cabo el proceso de aprendizaje a lo largo de cuatro etapas. Cada etapa pretende representar una parte importante del proceso mediante el cual la mente humana puede procesar información y luego internalizarla en la memoria a largo plazo.

Este proceso ocurre constantemente a lo largo de la vida de un individuo. De hecho, el proceso nunca se detiene, incluso cuando una persona puede tener graves impedimentos neurológicos. La mente humana está siempre bajo algún tipo de proceso de aprendizaje. Por lo tanto, es importante comprender su lugar en el Diseño Instructivo Rápido.

Las cuatro etapas de este proceso son las siguientes:

- La etapa de Preparación
- La etapa de Presentación
- La etapa de Práctica
- La etapa de Rendimiento

Si se omite cualquiera de estas etapas, el proceso de aprendizaje puede ser defectuoso o no tener lugar por completo. No hace falta decir que es importante abordar cada una con la importancia que requiere.

Debido a que el Diseño Instructivo Rápido se trata de reducir la cantidad de tiempo y los recursos necesarios para llevar a cabo el proceso de aprendizaje, la tecnología y un entorno de aprendizaje positivo son las dos formas principales de lograrlo.

Por ejemplo, cualquier combinación de música, atención plena y aromas se puede utilizar para crear un ambiente relajante en el que los estudiantes estén preparados para el aprendizaje. Esto se puede lograr a través de una organización reflexiva y creativa del espacio de aprendizaje, o mediante actividades que puedan ayudar a los estudiantes a adquirir la mentalidad adecuada.

Luego, cualquier combinación de técnicas puede usarse para presentar información de manera creativa. Dado que el Diseño Instructivo Rápido no aboga por presentaciones largas y complicadas, a los estudiantes se les puede presentar simplemente los resultados que se espera que alcancen y lo esencial sobre cómo se debe lograr el resultado.

Luego, los estudiantes son guiados a través de la etapa de práctica de tal manera que realmente están llevando a cabo los resultados que se espera que produzcan. En este sentido, los estudiantes se hacen cargo de su propio proceso de aprendizaje. Dado que la etapa de presentación fue esencialmente una sesión informativa que proporcionó instrucciones, los estudiantes ahora pueden experimentar con la tarea real a través de la práctica guiada.

Eventualmente, la etapa de desempeño es donde los estudiantes deberán realizar las tareas por su cuenta, pero con supervisión. El punto principal de tener supervisión es proporcionar una retroalimentación adecuada para que los estudiantes puedan realizar el resultado deseado de la manera adecuada. De lo contrario, pueden cometer errores que dificultarían el logro de los resultados deseados.

Al final del día, se espera que los estudiantes alcancen los objetivos establecidos al comienzo del bloque de instrucción a través de la práctica guiada directa. Si bien ciertamente hay un lugar para la teoría, debe ser lo más limitado posible para que la preferencia sea dada a la aplicación práctica.

Segundo Principio
Todos los Estilos de Aprendizaje se Deben Considerar

Los estilos de aprendizaje forman parte de los temas generales que hemos tratado en este libro. Los estilos de aprendizaje son uno de los factores más importantes que deben considerarse al diseñar y planificar el aprendizaje.

Dado que todos los humanos son diferentes en muchos aspectos, hay varios estilos de aprendizaje que deben considerarse. El Diseño Instructivo Rápido aboga por la necesidad de tener en cuenta cada estilo de aprendizaje en las distintas etapas del proceso de aprendizaje. Si bien algunos pueden ser más predominantes que otros, el hecho es que los estudiantes deben contar con una experiencia de aprendizaje que abarque todos los aspectos de la naturaleza humana.

Hay mucho debate sobre el número exacto de estilos de aprendizaje. Sin embargo, aquí están los estilos de aprendizaje generalmente aceptados.

- **Visual**. Este es el estilo de aprendizaje más común. Encontrará que la mayoría de los materiales de entrenamiento son predominantemente visuales. Esta es la razón por la cual la tecnología de los ordenadores puede llevar a medios de comunicación visual. Además, los paradigmas educativos tradicionales son visualmente intensivos, especialmente en materiales basados en texto.

- **Aural.** Este estilo se refiere al aprendizaje auditivo. Este estilo se refiere a las personas que necesitan escuchar cosas en lugar de verlas. Piense en músicos, lingüistas y otros aspectos de la vida, ya que el sonido juega un papel fundamental.

- **Lógico**. Piensa en números y procesos. Las funciones lógicas son conducidas por el cerebro todo el tiempo. Sin embargo, algunos estudiantes necesitan visualizar el proceso de aprendizaje en términos de tuercas y tornillos en lugar de un proceso generalizado. Por lo tanto, estos estudiantes están mucho más inclinados a seguir los procedimientos de forma lógica.

- **Cinestésico**. Este estilo se refiere a aquellas personas que les gusta moverse. Estas son personas que preferirían aprender haciendo más que viendo o escuchando. Por lo general, los estudiantes cinestésicos son excelentes atletas y bailarines. Sin embargo, los estudiantes cinestésicos son capaces de comprender habilidades físicas intensivas como la carpintería, la albañilería, etc., a diferencia de otras habilidades intelectuales como el diseño gráfico.

- **Verbal**. Este estilo de aprendizaje se refiere a aquellas personas que necesitan "hablar". De hecho, este estilo de aprendizaje fue preferido por los filósofos griegos antiguos que conducirían la enseñanza a través de diálogos y discusiones. Esta es la razón por la cual el Método socrático se usa cuando los educadores buscan fomentar la participación de los estudiantes durante el proceso de aprendizaje.

- **Social**. Este es el tipo de estilo de aprendizaje en el que los estudiantes deben estar en un contexto social. Así, el aprendizaje colaborativo se lleva a cabo en todo momento. Los estudiantes sociales tienden a tener un mal desempeño cuando se los deja aislados. Se alimentan del contacto con los demás.

- **Intrapersonal**. Esto es lo opuesto al estilo de aprendizaje social. Estas son personas que prefieren pasar tiempo por su cuenta. Estas personas trabajan muy bien por sí mismas. Necesitan espacio para reflexionar sobre su aprendizaje para que puedan resolver las cosas por sí mismas.

- **Naturalista.** Este es uno de los estilos de aprendizaje más nuevos aceptados por la comunidad educativa general. En resumen, se refiere a la necesidad de contacto con el exterior, los espacios abiertos y la naturaleza. Estos tipos de estudiantes prosperan en un ambiente al aire libre. Piense en biólogos y guardabosques.

Los estilos de aprendizaje mencionados anteriormente no son definitivos. Lo que esto significa es que una persona no sigue uno o el otro de forma necesaria. De hecho, todos somos una mezcla de dos o más de estos estilos. Sin embargo, uno de estos será mucho más predominante en nosotros.

Una manera muy fácil de determinar el estilo de aprendizaje de una persona es la siguiente:

Pídale al estudiante (o a usted mismo) que escriba, en un par de oraciones, cuál sería su escuela ideal. Por ejemplo, si su entorno escolar ideal es al aire libre rodeado de naturaleza, entonces está claro que usted es un aprendiz naturalista. O, si su entorno escolar ideal es un profesor que da una conferencia sobre un tema, entonces puede tener una combinación de un aprendiz visual/auditivo.

Lo principal para tener en cuenta es que estas respuestas deben ser honestas. Por lo tanto, pueden servir para diseñar mejor la manera en que se presentará la información y las tareas que se llevarán a cabo.

Tercer Principio
Instrucción Basada en Actividades

El núcleo del aprendizaje acelerado es la instrucción basada en actividades. Dado que las personas aprenden mucho mejor haciendo que solo observando, o peor aún a través de la memorización, el aprendizaje basado en actividades es una herramienta esencial para el aprendizaje acelerado.

El punto de partida de cualquier programa sólido de aprendizaje acelerado comienza con la definición de los resultados del aprendizaje en sí. Cuando comienza por definir lo que espera que logren los estudiantes, entonces puede determinar qué materiales se necesitarán, qué tareas se llevarán a cabo y otros requisitos logísticos.

Las tareas que se eligen como parte de la instrucción deben construirse unas sobre otras de tal manera que, una vez que se reúnan, conduzcan al logro final de los resultados.

Considere este ejemplo:

Un grupo de estudiantes se ha registrado en un curso de programación. El resultado final del curso es escribir un programa de software que funcione. Las especificaciones se dan al inicio del curso. Ahora, como usted cree en el aprendizaje acelerado, no va a pasar mucho tiempo repasando la teoría. Su objetivo principal es proporcionar una demostración de cómo comenzar a programar y empezar desde allí.

Cada asignación está diseñada para producir un bit de código que luego conduce al siguiente y así sucesivamente hasta que cada estudiante pueda escribir su propio programa. Si bien esto puede llevar varias semanas, el plan de instrucción requiere que los estudiantes escriban un código desde el primer día de la capacitación.

Por supuesto, el instructor debe proporcionar comentarios y orientación a medida que los estudiantes progresan a través de los diversos aspectos del curso. Sin embargo, el tema en el que se enfoca el instructor es si los estudiantes han memorizado las páginas de un libro de texto. El instructor está mucho más interesado en la aplicación práctica de los conceptos descritos en el curso.

Como puede ver, hay un lugar para la teoría, aunque solo debe usarse para llenar los vacíos que los estudiantes pueden tener. Al final del día, el instructor es solo una guía que busca proporcionar a los estudiantes los indicadores que necesitan para descubrir el significado y el conocimiento por ellos mismos. Esta es la base para un aprendizaje significativo

Cuarto Principio
Al Poder de la Comunidad

Uno de los fundamentos del aprendizaje acelerado es el poder de la comunidad. La comunidad implica aprendizaje colaborativo de tal manera que los estudiantes se apoyen entre sí a lo largo del proceso de aprendizaje.

Este es un enfoque ideal cuando el aprendizaje tiene lugar en un entorno social en el que los estudiantes trabajan juntos en un grupo. Dado que hemos discutido esto a lo largo de este libro como uno de los temas principales, vale la pena considerar el caso en el que un aprendiz está solo.

Cuando las personas se encuentran aprendiendo por su cuenta, el sentido de comunidad puede perderse. Si bien trabajar solos es una buena forma de estudio para los estudiantes intrapersonales, a los estudiantes sociales les resultará muy difícil llevarse bien sin interactuar con otras personas.

En tales casos, la tecnología puede ayudar a los aprendices sociales a encontrar un sentido de comunidad. Los medios sociales generalmente ofrecen grupos y sitios en los que las personas de ideas afines encuentran oportunidades para practicar y desarrollar aún más sus habilidades. Es por eso que las redes sociales son una gran herramienta; Se puede utilizar para promover un sentido de comunidad entre los estudiantes que se encuentran por su cuenta. Además, las redes sociales se pueden utilizar para crear un mayor sentido de unión, incluso cuando los estudiantes se encuentran físicamente alejados.

En última instancia, el aprendizaje acelerado busca promover un mayor sentido de comunidad en la medida en que los humanos aprenden colectivamente. Mientras más personas puedan trabajar juntas para lograr un objetivo común, más fácil será lograr tales resultados.

Además, las comunidades permiten el intercambio de información y conocimiento. Esto permite a otros estudiantes que pueden estar en algún tipo de desventaja buscar a otros que puedan ayudarlos mejor.

Una vez más, la tecnología puede facilitar este proceso. Al fomentar la comunicación constante entre compañeros, una comunidad de aprendizaje puede proporcionar un medio excelente para fortalecer los dentro de la misma.

Además, el papel del educador dentro de la comunidad de aprendizaje es esencial. El educador, como guía, debe servir como un tipo de moderador en el que los problemas no resueltos pueden tratarse de manera proactiva. Por lo tanto, si los estudiantes se encuentran atrapados con un problema que no pueden resolver, el educador o el instructor deben intervenir para proporcionar un empujón útil en la dirección correcta. Esto es clave: la función del educador no es proporcionar respuestas, sino que su función es ayudar a los estudiantes a descubrir el significado y el conocimiento por sí mismos. Este es el verdadero espíritu del aprendizaje acelerado.

Quinto Principio
Activo y Pasivo

Al considerar las actividades que conformarán el proceso de aprendizaje, se deben considerar las tareas tanto activas como pasivas en todo momento. Este es un punto importante para considerar, especialmente porque hay una tendencia a que el aprendizaje se desvíe hacia una dirección u otra.

Por ejemplo, las materias académicas tienden a tener estudiantes sentados en sus escritorios la mayor parte del tiempo. Si los estudiantes pueden levantarse y moverse, es porque se quejan de que han estado sentados durante demasiado tiempo. De lo contrario, desempeñan un papel pasivo prácticamente todo el tiempo que reciben la instrucción. No hace falta decir que este no es el mejor enfoque para considerar.

Por otro lado, los temas más activos, como los deportes, requieren que los estudiantes se muevan todo el tiempo. Si bien esto tiene sentido, especialmente cuando se trata de deportes, también es bueno alternar actividades pasivas en las que los estudiantes puedan hacer funcionar sus otros sentidos.

Esta es la razón por la que ves que los entrenadores deportivos profesionales hacen que sus atletas vean videos de ellos mismos o de sus oponentes. Además, celebran reuniones de estrategia en las que los jugadores se sientan y escuchan al entrenador mientras articula su estrategia.

De hecho, existe una clara necesidad de combinar tareas pasivas y activas dentro del proceso de aprendizaje.

Considere este ejemplo.

Los estudiantes en una clase de ciencias de la escuela secundaria están estudiando las células. El profesor ha decidido que examinarán varias muestras de células vegetales bajo un microscopio. Para hacer que la tarea sea mucho más activa, el maestro ha decidido llevar a los estudiantes a los terrenos de la escuela y recolectar muestras de plantas. Estas muestras de plantas se diseccionarán para estudiar su estructura celular.

En este ejemplo, los estudiantes pueden moverse, experimentar la naturaleza, respirar un poco de aire fresco y experimentar una situación de la vida real, como aquellas en las que los biólogos se involucrarían.

Otro ejemplo proviene de un curso de un taller de mecánica automotriz.

A un grupo de estudiantes se les pide que hagan un trabajo de frenos. Como parte de su entrenamiento, el instructor ha hecho una demostración de cómo se deben reemplazar las pastillas de freno. Entonces, los estudiantes se establecen para hacer frente a sus propios trabajos de frenos. Para proporcionar retroalimentación, el instructor ha utilizado un teléfono inteligente que registra a cada estudiante mientras trabaja.

Luego, todo el grupo se sienta a mirar el video. El instructor pide a los estudiantes que critiquen su desempeño. Se alienta a los estudiantes a mejorar al proporcionar su opinión honesta de una manera constructiva. Entonces, el instructor proporciona sus propios comentarios.

En este ejemplo, los estudiantes realizan una actividad de práctica y la transforman en una actividad más pasiva. Además, están creando un sentido de comunidad al tiempo que reciben comentarios constructivos sobre su desempeño. De esa manera, la próxima vez que realicen la misma tarea, sabrán qué hacer de mejor manera.

Los ejemplos anteriores subrayan la utilidad de combinar varios tipos de actividades. Al hacerlo, los estudiantes pueden adaptarse mejor a las diferentes formas en que pueden llevar a cabo las tareas que se espera que realicen. Además, la retroalimentación que reciben también les permite ampliar aún más su conocimiento y comprensión a través de la autoevaluación y el autodescubrimiento.

Sexto Principio
La Regla 80/20

Esta regla se ha hecho popular en varias aplicaciones en varios campos. El principio básico de esta regla es que el 80% de los resultados se obtienen del 20% del esfuerzo. Por ejemplo, el 80% de las ventas de una empresa provienen del 20% de sus clientes.

Entonces, ¿cómo se aplica esto al aprendizaje acelerado?

En resumen, el aprendizaje acelerado busca ayudar a los estudiantes a centrarse en el material y el contenido que deberían estar aprendiendo. Por lo tanto, no todo el contenido que puedan aprender les ayudará a lograr los resultados que se han establecido para ellos. De hecho, solo una cantidad específica de ese conocimiento les ayudará a llevar a cabo las tareas que se espera que completen.

Por lo tanto, depende del educador determinar qué contenido e información realmente necesitan saber los estudiantes para proporcionarles la esencia de lo que realmente necesitan.

Sin embargo, el 80/20 también tiene una aplicación importante: el 80% del tiempo dedicado a la instrucción debe estar orientado a las actividades de los estudiantes, mientras que el 20% debería dedicarse a la entrega del contenido. Este es un marcado contraste con la educación tradicional en la que el 80% del tiempo se utiliza en un papel pasivo, mientras que el 20% del tiempo, en el mejor de los casos, se utiliza en un papel activo.

Si bien seguir estrictamente la regla 80/20 no siempre es posible, una división 70/30 o 75/25 puede cumplir el mismo propósito también. Lo importante para tener en cuenta es que, repartir el tiempo de tal manera que los estudiantes hagan más cosas les ayudará en sus objetivos finales.

En cuanto a los estudiantes individuales, piense en esto: la cantidad de tiempo que pasan en una capacidad pasiva leyendo o viendo tutoriales, debería ser solo una fracción del tiempo que pasan haciendo las cosas. Entonces, si está aprendiendo a pintar cuadros, entonces la cantidad de tiempo que pasa viendo a otros pintores mientras explican sus técnicas debería ser mínima, en comparación con la cantidad de tiempo que pasa experimentando con su propio estilo y técnica.

Séptimo Principio
Los Planes de Aprendizaje Deberían ser Flexibles

Bajo el paraguas del aprendizaje acelerado, el Diseño Instructivo Rápido contempla la necesidad de una planificación flexible. Lo que esto significa es que los educadores necesitan mantener una mente abierta. A menudo las cosas no salen según lo planeado. Las circunstancias cambian, mientras que las personas pueden ser diferentes de lo esperado.

Esta es la razón por la que mantener una mente abierta es una de las características más importantes que puede exhibir un educador.

Piense en esta situación:

Un grupo de aprendices en una clase de baile se inscribió para aprender a bailar tango. Sin embargo, este grupo de bailarines tiene experiencia en otros tipos de bailes. Por lo tanto, tienen una firme comprensión de los fundamentos del baile. Sin embargo, el nuevo instructor de baile no está familiarizado con ellos. Por lo tanto, comienzan con lo más básico. Después de unos minutos, los estudiantes ya han superado los materiales de instrucción para ese período.

Entonces, ¿qué hay que hacer?

Aquí es donde la flexibilidad juega un papel fundamental.

El instructor de baile puede simplemente elegir pasar a los siguientes pasos del baile en lugar de obligar a los estudiantes a seguir los mecanismos establecidos para los principiantes. Esto permitirá a los estudiantes realmente hacerse cargo de su propio aprendizaje y aprovechar al máximo la oportunidad que se les brinda.

De la misma manera, un grupo de estudiantes puede ser mucho más básico de lo anticipado. Por lo tanto, el educador podría adaptarse y proporcionarles prácticas adicionales para que puedan progresar, aunque a un ritmo más lento.

Sean cuales sean las circunstancias, tanto los educadores como los estudiantes deben mantener una mentalidad flexible. Al hacerlo, se asegurarán de que su experiencia de aprendizaje sea lo más placentera posible y, al mismo tiempo, sea productiva.

Capítulo 7: Aceptando el Movimiento de Aprendizaje Acelerado

En este capítulo, veremos cómo puede comenzar a transformar su forma de pensar de un paradigma de aprendizaje tradicional a uno de aprendizaje acelerado. Por lo tanto, vamos a analizar los trucos que puede utilizar para ayudarlo a mejorar sus habilidades de aprendizaje en general.

Hasta ahora, hemos estado adoptando un enfoque holístico teniendo en cuenta que puede estar en un aula o por su cuenta. Por lo tanto, poder aprovechar los beneficios que el aprendizaje acelerado puede proporcionarle es fundamental para desarrollar excelentes habilidades de aprendizaje.

Sin embargo, nos vamos a alejar del aula o del grupo en este capítulo y nos centraremos únicamente en cinco cortes que pueden impulsar sus habilidades de aprendizaje. Después de todo, cuando está comprometido con el aprendizaje de por vida, no siempre tendrá que estar en un aula o grupo para aprender algo nuevo. Siempre puede tomar la iniciativa por su cuenta y aprovechar cada oportunidad para aprender algo nuevo.

Por lo tanto, los trucos presentados en este capítulo lo ayudarán a adoptar la mentalidad de aprendizaje acelerado para que pueda hacer la transición de la forma tradicional en que se nos ha enseñado a aprender, a un enfoque más flexible y dinámico.

Lo mejor de todo es que estos trucos se pueden aplicar en cualquier circunstancia y con cualquier persona que se encuentre. Esta es la razón por la cual el aprendizaje acelerado es una manera maravillosa de crear un entorno propicio para el aprendizaje.

El primer truco que vamos a estar viendo es la **repetición**.

Espere un minuto, ¿repetición?

Sí, repetición.

Dentro del espíritu del aprendizaje acelerado, la repetición juega un papel clave en el dominio de cualquier habilidad. Esto está enraizado en el hecho de que los estudiantes aprenden mejor haciendo. Por lo tanto, ser capaz de obtener suficientes repeticiones le ayudará a controlar la habilidad que está intentando dominar.

Sin embargo, aquí está el truco: a menudo, se pone mucho énfasis en la cantidad de tiempo que se gasta en hacer las repeticiones, mientras que no necesariamente en las propias repeticiones.

Entonces, esto plantea la pregunta: ¿qué es más efectivo, la cantidad de repeticiones que realiza o la cantidad de tiempo que pasa haciéndolas?

La respuesta puede ser un poco complicada. Algunos dirían que la cantidad de tiempo empleado determinará cuánto mejorará. Pero, por otro lado, ¿qué pasaría si pudiera obtener un buen número de repeticiones en la mitad del tiempo?

Sin duda, lo que realmente cuenta son las repeticiones y no la cantidad de tiempo invertido en ellas.

Mírelo de esta manera:

Supongamos que va al gimnasio. Va a hacer tres series de 10 repeticiones cada una en una máquina de remo. Supongamos que le lleva dos minutos completar cada serie. Luego, se levanta, se mueve alrededor de 5 o 6 minutos y luego regresa para hacer la siguiente serie. En el transcurso de tres series, puede tomarle fácilmente hasta 20 minutos. Pero en realidad, solo estás haciendo ejercicio por aproximadamente 6.

¿Ve cuánto tiempo tendemos a perder entre nuestras acciones?

Lo mismo ocurre con cualquier tipo de actividad que pueda imaginar. Esto sucede en el trabajo todo el tiempo. El número de distracciones que afectan nuestras tareas diarias es considerable. Además, existen otras distracciones no relacionadas con el trabajo, como los teléfonos y las redes sociales.

Entonces, si se concentra en las repeticiones que está haciendo, puede pasar dos minutos en cada serie, descansar por otros 2 minutos y luego comenzar con la siguiente serie. Un ejercicio que puede haberle llevado 20 minutos para hacer ahora le ha llevado alrededor de 10 minutos. De una manera muy simple, reduce su tiempo a la mitad, pero aun así logra hacer la misma cantidad de trabajo.

Cuando se enfoca en la repetición, está quitando el enfoque del tiempo y colocándolo en la actividad real. No es lo mismo decir: "Estudiaré durante dos horas" en lugar de decir: "Completaré tres ejercicios".

Cuando comience a concentrarse en las tareas que se ha propuesto realizar, tendrá la intención de reducir la cantidad de tiempo que dedica a cada tarea. En última instancia, no importa si pasa diez minutos o dos horas estudiando. Lo que realmente cuenta es la cantidad de tiempo que pasó trabajando en su estudio.

La mejor manera de mejorar este comportamiento es limitando la cantidad de distracción que lo rodea. Uno de los principales culpables es su teléfono. Poder alejarse de su teléfono le ayudará a mejorar su productividad de manera espectacular. Además, alejarse de las redes sociales es una excelente manera de ayudarle a concentrarse en la tarea en cuestión.

A menos que se encuentre en una situación en la que su teléfono sea esencial para su negocio, puede olvidarse de olvidarlo por un momento. Después de todo, los mensajes y WhatsApp pueden esperar. Naturalmente, puede que le preocupe que sus seres queridos se pongan en contacto con usted. Por supuesto, eso es razonable, pero ser capaz de alejarse de su teléfono siempre que sea posible es una excelente manera de aumentar su concentración y, por lo tanto, acelerar su aprendizaje.

Además, haga su mejor esfuerzo para dejar de pensar en el tiempo. Claro, puedes crear horarios para que pueda dedicar una hora a un estudio concreto. Pero al final del día, su enfoque no es estar sentado allí durante una hora, sino más bien, aprovechar esa hora al máximo. Eso le proporcionará el enfoque y la concentración que necesita para poder hacer las cosas.

En el lugar de trabajo, puede ser una buena idea encontrar un lugar tranquilo para esconderse. A menudo, alejarse de colegas y otras distracciones puede ser una excelente manera de aumentar la productividad. Por lo tanto, la distracción es uno de los enemigos más feroces del aprendizaje acelerado. Tome los pasos que sienta que puede implementar para eliminar las distracciones no deseadas.

El segundo truco en este capítulo trata de dividir las tareas grandes en **partes**. Siempre que se proponga hacer algo, especialmente si se trata de un proyecto grande, dividir la tarea grande en partes más pequeñas y manejables siempre es una excelente manera de ayudarle a superar tareas difíciles.

En el aprendizaje, funciona exactamente de la misma manera.

Supongamos que necesita revisar una gran cantidad de información relacionada con un episodio en la historia del mundo para una clase universitaria. Está a punto de estudiar 20 años de historia en una noche. Quizás lo más inmediato que puede considerar es sentarse y leer toda la sección de su libro de texto.

Ir a esta tarea de tal manera lo llevará a sentirse estresado y quizás aburrido. Además, asumir una gran tarea de una sola vez puede llevar a la frustración. Puede provocar sentimientos de ansiedad e incluso desesperación cuando se da cuenta de la gran cantidad de trabajo que tiene por delante.

Por lo tanto, dividir una tarea grande en porciones más pequeñas y pequeñas es la mejor manera de ayudarlo a navegar a través de cualquier objetivo, independientemente de su tamaño o nivel de complejidad. En consecuencia, hace que todo el proceso sea mucho más manejable y fácil de gestionar.

En base a esta premisa, dividir el conocimiento en partes manejables tiene sentido. Entonces, si necesita leer unos 20 años de historia mundial, ¿por qué no dividirlo en años individuales? O, ¿por qué no desglosarlo de acuerdo con los eventos significativos?

Quizás incluso pueda decidir dividir su lección de historia en personajes. Por lo tanto, puede hacer un seguimiento de los eventos de la lección de historia, ya que pertenecen a personajes individuales. En última instancia, cualquier cosa que pueda hacer para desglosar una gran cantidad de información lo llevará a comprenderla mejor. Además, le ayudará a reducir la cantidad de tiempo que necesitará para internalizar el contenido y el material.

Entonces, en lugar de intentar abordar una tarea completa de una sola vez, piense en cómo puede dividirla lo más posible y luego atáquela poco a poco. Tenga en cuenta que el cerebro no puede procesar grandes cantidades de información de una sola vez. Por lo tanto, es importante que el cerebro controle las cosas en dosis más pequeñas.

El siguiente truco está directamente relacionado con el anterior. En este truco, busca crear lo que se conoce como una "cadena de trozos". Una cadena de trozos consiste en vincular todos los trozos más pequeños que ha identificado como parte del truco anterior. Luego, cuando suma todos los trozos anteriores, pronto tendrá un trozo mucho más grande.

El objetivo principal de los trozos es tomar información manejable y encajarlos como un rompecabezas. Cuando encaja todas las piezas juntas, obtendrá una imagen mucho más amplia. Si bien esa imagen más amplia puede no ser la imagen completa, es decir, solo otra parte de una imagen aún más amplia, podrá brindarse una mejor perspectiva.

Al considerar el conocimiento como un rompecabezas, podrá ayudarse a envolver su mente en torno al esquema general de las cosas.

Por ejemplo, está aprendiendo a construir muebles. Dado que la mayoría de los muebles son solo de ensamblar en la actualidad, el mayor desafío que tendrá que enfrentar es comprender a dónde debe ir cada pieza. Si elige mirar el esquema y decide que va a juntar toda la pieza de mobiliario, puede terminar con una tarea desalentadora.

Sin embargo, si elige armar el mueble de abajo hacia arriba, entonces puedes elegir comenzar con las patas y avanzar hacia arriba. Al optar por abordar la tarea de esta manera, tiene espacio para maniobrar.

Dado que no está enfocado en el producto final, su atención puede dirigirse únicamente a la parte individual que está ensamblando. Esa es la primera parte. Luego, pasa a la siguiente parte de los muebles. Esta es la siguiente parte.

Pronto, se dará cuenta de que estás construyendo una cadena de trozos. La cadena estará formada por enlaces específicos que terminarán conduciendo a completar toda la pieza del mobiliario. Naturalmente, esto lleva tiempo y práctica. Pero a medida que adquiera más práctica, podrá realizar esta tarea en menos tiempo, cada vez que la haga.

El hecho del asunto es que, bajo la filosofía de aprendizaje acelerado, no se está enfocando en las tareas generales que deben completarse. Está enfocado en la tarea única que tiene a mano. Claro, sabes que su resultado final será una hermosa mesa. Pero si se concentra en construir una mesa, es posible que se sienta desanimado después de un cierto tiempo.

Quizás la mejor analogía en este caso es el mundo de los maratonistas. Los mejores maratonistas del mundo nunca se lanzan a una carrera pensando que correrán 26.2 millas. Siempre parten pensando que van a correr una milla. Una vez que se completa esa milla, están pensando en correr una milla más, y así sucesivamente. Después de un tiempo, las millas se han acumulado. Y aunque no es fácil superar las 26 millas, mentalmente, es mucho más fácil recorrer una milla a la vez en lugar de pensar en la carrera en términos de completar 26 millas.

Además, ¿alguna vez ha escuchado la frase "un día a la vez"?

Para recuperar a los adictos, solo se necesita un día para preocuparse. ¿A quién le importan los próximos días?

El único día que importa es el día en el que estamos. Esta es la mejor manera en que un adicto en recuperación puede entrenar su mente para mantenerse sobrio. Si lo ven en términos de intentar estar sobrios por el resto de sus vidas, la perspectiva de permanecer sobrios durante años puede ser abrumadora. Pero, si solo se enfocan en el día a la vez, el resultado final será mucho más fácil de lograr.

Esta es la razón por la cual, en cualquier momento que se proponga aprender algo, piense en el resultado final y cómo se puede dividir en partes más pequeñas. Cuando observa la tarea más grande en términos de tareas más pequeñas que conducen a la tarea más grande, encontrará que es mucho más fácil administrar el proceso de aprendizaje.

El siguiente truco es convertir sus esfuerzos en un juego en el que pueda ganar **recompensas**. Claro, recompensarse por un trabajo bien hecho no es nada nuevo. De hecho, muchas filosofías y enfoques para el aprendizaje alientan a proporcionar recompensas a los estudiantes exitosos. Es por eso que tenemos el cuadro de honor en la escuela o los premios que se otorgan a los mejores estudiantes en una clase que se gradúa.

Sin embargo, si está aprendiendo algo por su cuenta, fuera del aula, ¿quién le ofrecerá una recompensa por un trabajo bien hecho?

En ese caso, lo más importante que debe tener en cuenta es cómo puede alentarse a mantenerse en el buen camino.

Una forma de ver este problema es mediante el uso de afirmaciones positivas. Por ejemplo, cada vez que completa una tarea que lleva a una más grande, puede felicitarse por el trabajo que ha realizado. Si bien esto puede parecer bastante simple, es un gran impulso para su autoestima cuando puede sentirse satisfecho con el tipo de trabajo que ha realizado.

A algunas personas les gusta felicitarse cada vez que logran un objetivo. Tales felicitaciones pueden incluir comida deliciosa o una noche libre. De hecho, permitirse disfrutar de la satisfacción de alcanzar sus metas es vital para mantener su motivación en alto.

La razón por la cual las recompensas son efectivas reside en la forma en que el cerebro reacciona a los estímulos. Cada vez que ocurre un evento, que tiene un resultado negativo, entonces el cerebro detecta que esto es algo negativo e intentará alejarse de él.

Por otro lado, si el cerebro ve que cierto evento, o comportamiento, conduce a un resultado agradable, entonces el cerebro reforzará este hábito.

Un experimento realizado en ratones de laboratorio mostró el poder del refuerzo positivo y negativo. En el experimento, los ratones tenían que apretar varios botones. Un botón producía un pellet de alimentos cada vez que se presionaba, mientras que el otro producía una pequeña descarga eléctrica.

Al cabo de un rato, los ratones identificaron qué botón producía un pellet de alimentos y cuál producía una descarga. En consecuencia, los ratones aprendieron a mantenerse alejados del botón de la descarga y buscaban el que les daba la comida.

Lo que ilustra este experimento es que cada vez que se produce un resultado positivo de un comportamiento o hábito, el cerebro naturalmente acudirá en masa a esta acción. Si, en contraste, el hábito o el comportamiento produce un resultado negativo, entonces el cerebro hará todo lo posible para evitarlo.

Cuando está atravesando el proceso de aprendizaje, necesita recompensarse después de alcanzar ciertos hitos. Si bien la naturaleza de la recompensa no es tan importante, el hecho es que solo tener la recompensa en sí es suficiente.

En última instancia, su sistema de recompensas será uno de los factores que no solo lo mantendrá motivado, sino que también lo alentará a completar cada tarea en menos tiempo. Después de todo, cuanto más rápido termine con una tarea, más rápido podrá recibir su recompensa.

El truco final que se considera en este capítulo se refiere a las "ráfagas de enfoque". Este término se refiere al esfuerzo realizado en ráfagas cortas y dedicadas. Al intentar realizar tareas durante largos períodos de tiempo, le resultará prácticamente imposible mantener cualquier tipo de ritmo razonable.

Piénselo.

Cuando hace ejercicio en el gimnasio, hay un momento en que sus músculos se fatigan y necesita un descanso. Si este no fuera el caso, entonces podría entrenar para siempre sin tener que parar.

La razón de esta fatiga se debe al hecho de que el cuerpo humano no está diseñado para largos períodos de actividad. El cuerpo humano ha evolucionado para adaptarse a un breve estallido de acción y luego descanso. Cuando gestiona el proceso de aprendizaje por partes, y cada parte está acompañada por un esfuerzo concentrado, la probabilidad de que tenga éxito aumentará exponencialmente.

Piense en ello de esta manera.

Está estudiando para una próxima prueba. Como hemos dicho anteriormente, puede decidir estudiar durante cinco horas. Ahora, si intenta quedarse sentado durante las cinco horas y no bajar el ritmo, entonces está equivocado. Claro, puede estudiar durante cinco horas, pero de manera realista, estará enfocado por un período de tiempo mucho más corto.

Por lo tanto, debe desglosar la cantidad de contenido que va a estudiar en partes más pequeñas. Luego, puede aplicar una ráfaga de acción enfocada para cada fragmento. Además, puede optar por tomar un descanso entre los fragmentos.

En este ejemplo, puede elegir levantarse y estirarse cada media hora. O, puede elegir comenzar una hora, luego levantarse y moverse por 10 minutos y volver al trabajo. El punto es que necesita tomar descansos para aclarar su mente, refrescar sus ojos y simplemente volver a un estado productivo.

De hecho, puede utilizar las recompensas para atravesar períodos prolongados de estudio o actividad. Puede permitirse usar su teléfono para revisar las redes sociales durante cada descanso. De esa manera, puede reducir su ansiedad con respecto a mantener su teléfono alejado. Si sabe que podrá revisar su teléfono cada media hora, eso no solo constituiría una recompensa, sino que también representaría una manera de ayudarlo a mantenerse alejado de su teléfono.

Por supuesto, con tal recompensa, necesita tener la disciplina para mirar su teléfono durante diez minutos y luego volver a guardarlo. Naturalmente, esto no es algo que se domine de la noche a la mañana. Sin embargo, su capacidad de seguimiento le permitirá aprovechar al máximo las oportunidades de aprendizaje a su disposición.

Los trucos que hemos descrito en este capítulo pretenden proporcionarle información sobre las formas en que puede utilizar el aprendizaje acelerado para ayudarlo a mejorar su comprensión de cualquier tema. En última instancia, los tipos de estrategias y técnicas que utilice serán las que funcionen para usted. Esto es algo muy importante para tener en cuenta. Esto es todo sobre lo que funciona para usted.

A medida que reconoce la forma en que aprende y cómo puede maximizar su propio potencial, se convierte en una segunda naturaleza adoptar ciertas prácticas. Por prácticas, nos referimos a los hábitos que pueden llevarlo a adquirir conocimiento mucho más rápido y con mayor facilidad.

Su capacidad para hacer que el proceso de aprendizaje sea más manejable le permitirá mantenerse motivado y mantenerse en el camino. A menudo, los individuos comienzan a un ritmo insostenible. Después de un tiempo, comienzan a disminuir la velocidad y finalmente se detienen por completo.

Es como la analogía del corredor de maratón. Los corredores experimentados saben que tienen que acelerarse si quieren cruzar la línea de meta. Si comienzan demasiado rápido, pueden terminar cayendo al piso antes del final de la carrera. Eso solo los llevaría a un final decepcionante. Al gestionar su paso, los corredores pueden asegurarse de que tendrán suficiente energía para llegar a la línea de meta. De hecho, si les queda un montón de energía, pueden comenzar a agarrar velocidad mientras se preparan para finalizar la carrera.

El mismo principio se aplica en la vida.

Cuando adquiere un paso para hacer las cosas, podrá superar las tareas que necesita realizar en menos tiempo que si intentara mantener un ritmo alto.

Esto puede sonar contraintuitivo, pero en realidad no lo es.

Cuando adquiera un paso propio, podrá predecir con bastante precisión cuánto tiempo tomará una acción determinada. Sin embargo, cuando supera su paso, terminará pasando más tiempo de forma no productiva. Cuando eso sucede, puede que al final termine rindiéndose por completo. No hace falta decir que esa no es la mejor actitud.

En consecuencia, es vital que marque su paso en todo momento. No puede esperar alcanzar sus metas si se encuentra desgastado. Debe asegurarte de tener suficiente energía para continuar. De lo contrario, puede terminar perdiendo la parte más importante de todo el proceso de aprendizaje, que es llegar hasta el final. Además, se estará excluyendo de tener la satisfacción de un trabajo bien hecho.

Conclusión

Entonces, ahí lo tiene. Hemos llegado al final de este libro sobre aprendizaje acelerado.

¿No parece que acabamos de empezar hace unos minutos?

Ciertamente se siente así porque tomamos este libro en pedazos. Aunque cubrimos una gran cantidad de información, nos dispusimos a dividir los conocimientos contenidos en este libro en partes manejables que nos permitirían profundizar en el tema.

En este punto, es necesario revisar algunos de los puntos principales discutidos en este libro.

En primer lugar, este libro tenía algunos temas generales. Estos temas fueron creados para inculcar la idea de la filosofía de aprendizaje acelerado de tal manera que usted y sus estudiantes quizás aprovechen al máximo el proceso de aprendizaje.

Estos temas pueden resumirse de la siguiente manera:

- El aprendizaje tiene lugar en un ambiente positivo que es propicio para captar el conocimiento en circunstancias seguras.
- La filosofía de aprendizaje acelerado consiste en reducir la cantidad de tiempo y esfuerzo

que se necesita para aprender cualquier tema en particular.

- El aprendizaje no tiene por qué ser un proceso difícil y aburrido. Mediante el uso de juegos y recompensas, el aprendizaje puede ser un proceso divertido y dinámico.

- Los estilos de aprendizaje son elementos fundamentales que intervienen en el proceso general de planificación y diseño.

- Al reducir el estrés y la ansiedad en los estudiantes, el proceso de aprendizaje realmente puede despegar.

- Construir un sentido de comunidad es un punto fundamental en la filosofía del aprendizaje acelerado.

- La retroalimentación positiva es crucial para desarrollar el proceso de aprendizaje de una manera apropiada.

Por lo tanto, es un desafío para los educadores, y para usted adentrarse en la filosofía del aprendizaje acelerado, especialmente cuando existe una resistencia del paradigma educativo tradicional. Por eso es tan importante mantener la mente abierta en todo momento. Cuando pueda mantener una mente abierta y una nueva perspectiva, podrá realmente aprovechar el poder del aprendizaje acelerado.

En este punto, usted está más que listo para comenzar. Tiene todas las herramientas que necesita para que el aprendizaje acelerado sea una forma de vida para usted y para los estudiantes con los que puede estar trabajando.

Si por casualidad está trabajando con estudiantes, o trabajará con ellos en algún momento, entonces las técnicas y estrategias presentadas en este libro serán invaluables para su desarrollo general, tanto para usted como educador, como para sus estudiantes.

Si es un aprendiz individual que trabaja por su cuenta, entonces buscar una comunidad de aprendizaje puede terminar brindándole la retroalimentación y el apoyo necesarios que le llevarán a convertirse en un aprendiz eficiente. Después de todo, si cree que el aprendizaje puede tener lugar de forma aislada, se dará cuenta que está equivocado.

El aprendizaje es un esfuerzo colaborativo y social que requiere de la interacción humana. Incluso si elige leer libros encerrado en su sótano, los libros que está leyendo siguen siendo un medio de interacción social.

Piénselo.

Un humano tuvo que trabajar para producir los libros que usted leerá.

En consecuencia, el aprendizaje es un proceso social que tiene lugar en varios niveles. Entonces, no sea tímido; salga y conozca a otros estudiantes que seguramente le ayudarán y le apoyarán durante todo el proceso de aprendizaje.

Además, aprovechar al máximo cada oportunidad de aprendizaje le ayudará a convertirse en un mejor aprendiz. Esto se debe al hecho de que obtendrá una mejor comprensión y perspectiva sobre quién es usted y cómo reacciona dentro del proceso de aprendizaje general.

¿Y qué tiene que perder?

Básicamente, nada. Sin embargo, tiene mucho que ganar. Puede desbloquear el poder del aprendizaje a través de los trucos que hemos presentado. Al final del día, podrá aprovechar al máximo cada día aprendiendo algo nuevo y relevante para usted.

Como siempre, gracias por el tiempo que ha tomado para leer este libro. Es el resultado de un trabajo minucioso que se realizó con una gran dedicación. Este libro está dedicado a usted, el estudiante que busca encontrar las mejores maneras de descubrir el conocimiento y el significado.

Por favor, tenga en cuenta que el viaje a lo largo del proceso de aprendizaje es suyo. Claro, puede haber otros a su lado en el mismo camino. Sin embargo, la experiencia es suya y solo suya. Incluso si ha guiado a los estudiantes a través de su propio camino de aprendizaje, su experiencia servirá como un empujón en la dirección correcta. En última instancia, es un viaje personal que refleja los sueños y aspiraciones de cada uno.

Nos vemos la próxima vez

BONO GRATUITO

PD ¿Está bien si damos en exceso?

Creo en dar en exceso más allá de las expectativas de nuestros lectores. ¿Está bien si me esfuerzo en exceso entonces?

Aquí está el trato, le daré una hoja de trucos extremadamente valiosa de "Aprendizaje Acelerado" ...

¿Cuál es la trampa? Necesito confiar en usted... Verá, mi equipo y yo queremos esforzarnos demás para poder hacer eso, por lo que confiamos en nuestros lectores para que mantengan este bono como un secreto para ellos. ¿Por qué? Porque no queremos que las personas reciban nuestra tabla de trucos de aprendizaje súper acelerado sin siquiera comprar este libro. No es ético si lo hicieran, ¿cierto?

De acuerdo. ¿Preparado?

Simplemente visite este enlace:

http://bit.ly/acceleratedcheatsheet

Todo lo demás se explicará por sí mismo después de que haya visitado:

http://bit.ly/acceleratedcheatsheet

¡Esperamos que disfrute de nuestros bonos gratuitos tanto como hemos disfrutado preparándolos para usted!

CPSIA information can be obtained
at www.ICGtesting.com
Printed in the USA
BVHW081028150819
555975BV00001B/109/P

9 781646 157549